Economic Effects of the French Revolutionary
and Napoleonic Wars

STUDIES IN SOCIAL AND ECONOMIC HISTORY
Edited by Herman Van der Wee

Volume 4

Erik Aerts & François Crouzet, eds.

Economic Effects
of the French Revolutionary
and Napoleonic Wars

Session B-1

Proceedings
Tenth International Economic History Congress
Leuven, August 1990
Erik Aerts, General Editor

Leuven University Press
1990

ISBN 90 6186 376 7
D / 1990 / 1869 / 25

Cover : WKW Design Department Antwerp 90

CONTENTS

PREFACE

At the Tenth International Economic History Congress in Leuven no fewer than seventeen B-sessions will bring together specialists from around the world to discuss important themes of current research. As for past congresses, the hundreds of papers prepared for these sessions are being published in advance. In doing so the local organizing committee hopes to be of service, first, to congress participants. With the B-theme volumes ready in advance, the presentation of papers can be kept to a minimum, leaving more time for discussion from the floor. The publication of these papers will also make their rich and varied content available to those who could not attend the congress.

These volumes have been produced from camera-ready copy. With only seven months between the deadline for submission of papers (30 October 1989) and the date at which completed volumes should be sent to participants who ordered them (1 June 1990), it was thought too costly and time-consuming to have them typeset in the classic manner. Authors were thus asked to submit papers in a standard format defined in instructions distributed by the general editor. Session organizers were asked to ensure that the guidelines were followed, that the papers for their session were within the page limits, and that a complete and consistent set of papers, ready to be reproduced, reached the congress organizers by the October deadline. Many authors did respect the guidelines scrupulously. They have our deepest thanks. But, alas, the vast majority of authors did not prepare their papers in the same rigorous way. Nor did all session organizers restrain exuberant contributors or chastise errant ones. On 1 November 1989, and notwithstanding a series of reminders, a complete set of papers had been received for only **one** session. The quality of presentation of the papers that subsequently arrived brought the congress organizers to the decision that extensive retyping would be needed to bring a semblance of order and consistency to the volumes.

With the decision to retype the texts, the general editor took on the onerous task of bringing to them some formal uniformity. In the process gross errors and many smaller mistakes could also be corrected. Some papers had to be cut to the eight to ten pages requested. This was done only in collaboration with the authors, often after lengthy correspondence. The attentive reader

1

will observe that some texts still exceed ten pages. The reason is that it was simply impossible to write to all of the culprits personally and call them to task. This pragmatic solution does not diminish the general editor's gratitude to the many authors who adherred to the page limit.

The general editor could do only so much. For many authors neither English nor French is their mother tongue. Readers must appreciate, on the one hand, that these scholars are making a major effort to bring their work to a wider audience and, on the other hand, that the editors have not the time nor resources to correct imperfect translations. Other niceties, such as the logical development and clear expression of ideas, must equally remain the responsibility of individual authors.

Assistance in the publication of these papers was received, first and foremost, from François Crouzet, the organizer of session B-1. He recruited the contributors, collected the papers and prepared the introduction to the volume. Francine Duijsens accepted the daunting task of converting the papers, which I had often rendered unrecognizable, into neatly typed pages. The proofreading and collating was carefully done by Bart Pluymers and Marcel Hoyberghs. In the various aspects of my editorial task, I benefitted from the support and sympathy of Peter Solar, the congress coordinator. All of these people have my heartfelt thanks.

Begijnendijk   Erik AERTS
12 December 1989   General Editor
                                            Congress Proceedings

INTRODUCTION

C'est à Patrick O'Brien qu'appartient l'idée d'une session du Congrès de Leuven qui serait consacrée aux conséquences économiques des guerres de la Révolution et de l'Empire. Mais, ayant organisé une session du Congrès de Berne, il ne pouvait assumer à nouveau une responsabilité de ce genre, qui est donc revenue à l'auteur de ces lignes - mais en coopération étroite sur le plan intellectuel avec celui qui avait le premier pensé à ce projet.

Au départ, nous souhaitions une approche du problème qui fut thématique plus que géographique, afin d'éviter une série de bilans de la période 1792-1815, pays par pays. Un coup d'oeil à la table des matières de cette brochure peut laisser l'impression que nous n'y avons pas réussi. Cependant, comme nous l'avions demandé aux auteurs de communications, plusieurs thèmes de portée générale ont été traités dans l'optique d'un Etat pour lequel le problème en question avait été d'importance particulière. Par exemple, la question de la perte de leurs Empires coloniaux par les puissances continentales est abordée par l'exemple prioritaire de l'Espagne. C'est d'ailleurs l'espoir d'éclairer quelques grands problèmes sous des angles différents et successifs, qui a suggéré l'organisation de ce petit volume. Après deux études sur la France, qui est, bien entendu, au coeur du débat, on a regroupé les diverses communications en fonction des facteurs liés à l'état de guerre qui ont été susceptibles d'avoir un impact sur les économies : les modes de financement des opérations militaires, les réformes institutionnelles, la dislocation du commerce international, la guerre comme stimulant ou frein de la croissance industrielle se succèdent ainsi en tant que thème dominant de ces analyses. Le volume s'achève sur l'étude de grandes aires géographiques dont les problèmes étaient spécifiques.

Reconnaissons, cependant, que plusieurs questions de grande importance sont abordées peu ou prou - essentiellement faute d'espace - mais aussi parfois d'amateurs pour les traiter. Nous avons dû renoncer à ouvrir le volume par un tableau de l'économie internationale pendant "l'Entre-deux-guerres" (1783-1792); le bilan démographique des guerres n'est pas établi, non plus que celui des pertes matérielles; le problème de la guerre économique et des "économies de guerre" (si tant est qu'il y en eut, sauf en France sous la Terreur) n'est pas évoqué, non plus que celui du coût du "protectionnisme de guerre" pour la croissance industrielle. Et de toute façon, les tortures procustéennes qui ont été infligées aux collaborateurs de ce volume ont imposé un traitement rapide, bien que synthétique, de multiples autres aspects.

Il n'est pas question d'esquisser ici une synthèse. Rappelons simplement qu'il est toujours ardu d'isoler les conséquences sur une économie - et a fortiori sur un groupe d'économies - de phénomènes exogènes, tels qu'une révolution ou une guerre. Que dans le cas qui nous intéresse, la tâche de désagrégation est effroyablement compliquée par la liaison étroite entre les *French Wars*, comme les Britanniques les appellent souvent, et la Révolution française; et en plus par la coïncidence de ces bouleversements politiques, militaires, et *sociaux*, avec un grand mouvement de changement économique (dont on persistera à appeler Révolution industrielle la partie la plus visible) et avec une forte poussée démographique, qui étaient tous deux en cours au moment où les guerres ont éclaté.

Il est vrai que les contemporains et beaucoup d'historiens (ceux-ci, évidemment, fort tentés d'établir des parallèles avec les guerres mondiales du XXe siècle) ont tendu à dramatiser les choses, à avoir une vision catastrophiste des conséquences des guerres "napoléoniennes". En négligeant de remarquer que la "guerre de vingt-trois ans" n'a pas apporté à l'Europe les famines, les épidémies meurtrières, les dévastations qui l'avaient frappée au XVIIe siècle, durant la guerre de Trente ans. En négligeant aussi que l'économie européenne de 1815 n'était pas *très* différente structurellement de celle de 1792 et que, loin d'être dramatiquement appauvrie, elle était probablement plus prospère (avec un revenu par tête plus élevé dans la plupart des Etats).

Faut-il donc penser que, sur le plan économique et dans le long terme, les conséquences des guerres ont été limitées, voire modestes ? Tout comme celles de la Révolution française elle-même, comme Albert Cobban l'avait observé. Il est d'ailleurs fort possible que, dans la longue durée, la plus considérable de ces conséquences ait été l'exportation et l'implantation dans une grande partie de l'Europe des "réformes" de la Révolution française et des institutions de type napoléonien. Il est frappant que K.O. Von Aretin place en première ligne, parmi les conséquences en Allemagne des guerres de la Révolution, la sécularisation et la vente des biens des monastères.

4

Cependant, il est un bouleversement proprement économique, dont l'importance est soulignée à nouveau par plusieurs communications : la destruction du commerce maritime des pays continentaux, et leur quasi-élimination durable du grand commerce international, au profit de la Grande-Bretagne. L'historiographie traditionnelle n'a vu dans les combats et les traités des années 1812-1815 que l'aspect politique - la défaite de la tentative d'hégémonie de la France sur l'Europe; mais on peut y voir, sur le plan économique, la défaite du Continent dans son ensemble, au bénéfice de la super-puissance économique et politique qui allait dominer le monde du XIXe siècle. Certes, l'économie britannique a connu des difficultés sérieuses à certains moments des guerres, certes ces dernières ont très probablement ralenti et déformé sa croissance, mais celle-ci s'est néanmoins poursuivie. L'Angleterre a pu en même temps continuer son industrialisation , gagner la guerre, maintenir en gros le niveau de vie de sa population. Elle y a gagné d'écraser ses rivaux et de satelliser une bonne partie de l'Europe. Cette donnée capitale n'est pas très présente dans ce volume, mais elle doit rester à l'esprit de tous ceux qui le liront.

François M. CROUZET
Organisateur

WAR AND THE FRENCH ECONOMY (1792-1815)

Geoffrey ELLIS
University of Oxford

INTRODUCTION

A central theme in the economic history of France during this period is the impact of prolonged wars, both on land and at sea, and the attempts of successive political regimes to mobilize resources in response to that continuous challenge. Territorially, the great engine of war pushed the shape of France well beyond what had been thought of earlier as her "natural frontiers", while successive conquests and annexations added to her official population in like measure. The Republic introduced a form of military recruitment which anticipated the mass conscriptions of modern times. Many of the resources accruing from the nationalization and sale of the property of the Church, the Crown, the émigrés, condemned persons and suspects were consumed by war needs, but at the cost of virtual monetary ruin in the mid-1790s. Later, while creating a great land empire, France effectively lost a colonial one overseas. Napoleon's Continental Blockade, sometimes construed as primarily a "war-machine", was also a function of his landlocked power, the climacteric of a longer process of wartime economic dislocation.

Yet by 1815 the land frontiers of France were back, more or less, where they had been in 1789. Her colonial empire was of course recovered at the peace, without St. Lucia, Tobago and Mauritius, but there had been a profound rupture in her old maritime traditions lasting nearly a quarter of a century. By the end of the wars she had lost an estimated 1.4 million men in the land armies alone, something under 500,000 before 1802, and something over 900,000 during the wars of the Empire. By then, too, though certainly not wholly for that reason, her population growth had begun to fall behind the faster trends in nearly all other European countries. What, then, had France ultimately gained from the wars, and what had she lost ? This paper addresses three main aspects of the question: how resources were mobilized for war between 1792 and 1815, the overall effects of the wars on the economic geography of France, and their impact on the various sectors of her economy.

6

THE MOBILIZATION OF RESOURCES FOR WAR

If the old regime had financed its wars after 1750 by increasing resort to loans, the Revolutionary regimes from 1792 to 1795 did so by means of an inflationary paper currency notionally secured on anticipated receipts from the sale of the nationalized lands. When the Legislative Assembly declared war on Austria and Prussia in April 1792, its deputies (with very few exceptions) had barely foreseen the financial consequences. There was now a ready-made pretext for further and increasingly profligate issues of assignats. The reformed direct taxes, only recently adopted, soon fell notoriously into arrears. Similarly, when the National Convention formally extended the hostilities to Britain, Holland and Spain in February-March 1793, most of its members could scarcely have predicted the maritime ruptures and stranglehold of the British naval blockade which were to follow. A serious attempt was made during the Terror to contain the fast depreciation of the assignat, but it nevertheless fell from around 50 % of its face value in December 1793 to 35 % in July 1794. Moreover, the whole apparatus of the "controlled economy" of the Year II was soon dismantled after the fall of the Montagnards. It was fortunate for the Thermidorian Convention and early Directory that, at the point where hyper-inflation made the assignat no longer tenable as a currency, the war at least was going better for France.

The Directory, which abolished the assignats in February 1796, then fell back more and more on the military expedient of "living off the land". The annexation of Belgium in 1795 and effective control of the German left bank of the Rhine (not however fully annexed until 1801-1802) brought important new resources to France, but in the process also exposed those lands to considerable despoliation. The Directory's instructions to Commissar Joubert in January 1796 bluntly declared that "the principle which contains everything there is to be said on the subject of the occupied territories is: *above all else the army must live*". Inheriting that policy, Napoleon extended and systematized it, but his regime also put far greater store by a sound money (the *franc de germinal* of 1803) and by orderly taxes and public accounts. Altogether, his direct taxes under the Empire were to yield a fairly regular income of some 250 million francs a year until the military reverses of 1812-1813, whereas the indirect taxes were steadily increased after their consolidation as the *droits réunis* in 1804. Yet Napoleon's wars could never have been financed from French taxes alone, and his hostility to large public loans is also well known. After Marengo he tried to harness the resources of

Piedmont-Liguria, annexed in 1802, and created the satellite Republic of Italy, centred on Lombardy, but its financial benefit to France in the early years was modest.

It was only after victory over the Austrians in 1805 that Napoleon was able to integrate the subject lands in Italy more fully into his military and fiscal system. His reconstitution of the satellite states in Germany as the Confederation of the Rhine in July 1806, with important accessions later, had similar aims. The "Grand Empire" was to be, in significant part, the servile provider of the "Grand Army". As from 1805, furthermore, we see a marked development in Napoleon's use of war as a *bonne affaire* at the expense of conquered states. Austria, for example, seems to have paid 75 to the 118 million francs demanded that year, and 164 of the 250 million imposed on her in 1809. Estimates of similar Prussian payments between 1806 and 1812 vary from 470 to 514 million, the indemnity following Jena alone accounting for 311 million. Portugal, by contrast, apparently paid only 6 of the 100 million demanded in 1807. Such exactions, at least as reckoned in official terms, may have amounted to nearly a third of the anticipated income in the budgets of the early Empire.

Military levies were another major factor in mobilizing resources. The French standing armies of the mid-1790s, following the *levée en masse*, could amount to as much as 800,000 men, in a total population of between 28 and 29 million, but had been considerably reduced by the time of the Jourdan-Delbrel Law of 1798. As from 1805, when that law had been amended and established as the basis of military recruitment, the Grand Army was usually between 500,000 and 600,000 strong, rising to 611,000 for the Russian campaign and then approaching a million (on paper) only for the desperate campaigns of 1813-1814. Recent estimates suggest that a total of 2.6 million men were mustered in France under the law before 1814, but that figure includes a very sizeable number of draft evaders and deserters. On the other hand, the population of "old France" provided not much more than a third or two-fifths of such numbers as from the campaigns of 1805-1807. The non-French departments under direct annexation and foreign auxiliaries from the subject and allied states made up the rest. In this way the demands of drafting and provisioning soldiers was spread over a much wider arc under Napoleon than had been the case during the Revolutionary wars. This relieved some of the pressure on manpower and food resources in France itself, especially by comparison with the years 1793-1797.

As from 1811, however, mounting military expenses began to upset the Empire's budgets. In 1813, even after being stepped up, the direct taxes provided only 29 % of total revenue. About a quarter of its fiscal product then derived from the indirect taxes, which had themselves quadrupled in value between 1806 and 1812. Meanwhile, Napoleon's expenses rose from some 700 million francs in 1806 to well over 1,000 million in 1812 and 1813. The proportion consumed by military needs increased from about 60 % (462 million) in 1807 to 80 % (817 million) in 1813 - figures which may themselves be on the low side (Bergeron, 1981, pp. 39-40). An attempt to siphon off still more income from the subject states was made through the *Domaine extraordinaire*, created early in 1810, which took over some but not all of the fiscal operations of the Grand Army. But the other costs of Imperial grandeur (the noble titles and *dotations*) were already eating into such resources, and by 1813-1814 French finances were again in disarray. Just as the conquered territories had helped to pay France's way in the ascendant years of the Empire, so military retreat and defeat worsened its insolvency at the end.

THE CHANGING ECONOMIC "MAP" OF FRANCE

The best introduction to this and the next sub-section is still to be found in a seminal article by François Crouzet published more than twenty-five years ago. Briefly summarized, his account shows a buoyant overseas trade during the eighteenth century, "the Atlantic stage of European economic development", which then foundered as France lost her most valuable colonies and was progressively cut off from other world markets as from 1793. There were serious repercussions on a number of dependent industries (e.g. shipbuilding, naval supplies, sugar refining, woollens and particularly linens), most notably in the *hinterländer* of the western seaports. Over the whole course of the wars there was a marked reorientation of industrial and commercial gravity from "outward-looking" horizons overseas towards "inward-looking" ones, and above all towards home markets. The plight of the maritime ports, Bordeaux and Nantes foremost among them, intensified during Napoleon's Continental Blockade (1806-1813). The south-western littoral was the area hardest hit, never regaining its former place in the inventory of French foreign trade, and facing a future of prolonged relative decline, of "deindustrialization" or "pastoralization". But, conversely, the inland shift of

French trade and industry greatly enhanced the economic importance of the northern and eastern regions, where the future growth-points chiefly lay. By the end of the wars, "the axis of the Continental economy had now moved from the Atlantic toward the Rhine" (Crouzet, 1964, pp. 586-587).

Now, this was of course a broad, thematic canvass, rather thin in its coverage of agriculture, the predominant economic sector. Local studies enable us to sharpen several points of detail. Neutral traffic and the coasting trade, for instance, kept some essential services alive even in the beleaguered Atlantic ports. As Paul Butel found in Bordeaux, this activity continued until 1807, when new Orders in Council exposed neutral carriers to Britain's tougher naval blockade of France, thereafter leaving only the "licence" trade as a lifeline. On the Mediterranean, Marseilles too suffered its worst setbacks as from 1807, but found some compensation as a commercial nexus in the Rhône corridor and in the expansion of the artificial soda industry, which with official support increasingly fed the soapworks as from 1809-1810.

Inland, there was little before Brumaire to ease the disruption caused by monetary inflation, then by the hard medicine of remetallization, and generally by the loss of foreign markets. Military provisioning may have benefited certain industries and service contractors, as Michel Bruguière has confirmed in a recent study of the Revolutionary financial managers and profiteers, but on the whole civilian markets were then depressed. Recovery from the worst economic upheavals of the 1790s can be dated from the Consulate, even if renewed hostilities in 1803 and the Bank panic of 1805 tested business confidence. The years of relative peace on the Continent after Tilsit, Spain excepted, made inland expansion possible again. The economic primacy of Paris within France, as a market for capital and other financial services, as a centre of distribution for primary materials and of consumption, and as a manufacturing city (luxury goods, fashion ware, cottons), was reinforced. Its influence extended to many other towns, including the hard-pressed seaports, through a network of affiliated houses. In Lyons, again, the transit trade showed new signs of vitality from quite early in the Consulate, while preferential terms for importing raw silk from Italy and for exporting silkstuffs to "reserved markets" there, as well as to Germany and Russia, kept production active until the crisis of 1811. Alsace, too, enjoyed periods of prosperity, recovering well during the Consulate from its earlier losses, and then expanding notably during the Blockade. The entrepôt trade of Strasbourg, not to mention its lucrative contraband dealings, quickened appreciably in the years 1807-1810, and it is sometimes claimed that the city

10

then handled a third of the Empire's foreign traffic. At the same time the buoyancy of calico printing in Mulhouse boosted production in the Haut-Rhin's feeder branches of cotton spinning and weaving. The official exclusion of British goods and the sheer size of the Imperial home market (well over 40 million by 1810) gave similar opportunities to some of the annexed lands, for instance on the Rhenish left bank (textiles) and especially in Belgium (textiles, iron).

WAR AND THE ECONOMIC SECTORS OF FRANCE

The impact of the wars on foreign trade, hitherto the most dynamic sector, was undoubtedly destructive in global terms. While the official values of French exports to Germany and Italy generally held up well in the years 1806-1812, and at an appreciably higher level than earlier, they did not match the long-term losses in the maritime sector. The Spanish trade, at times quite active under Napoleon, was understandably upset by the Peninsular War. In the wide perspective, the *total* official values of French foreign trade at the end of the old regime, and even at the start of the Revolution, were not again to be reached until about 1826. May we then conclude that the Revolutionary upheaval and the wars of 1792-1815 cost France, in effect, something like forty years of "natural" commercial growth ? That is debatable, given the regional readjustments already mentioned, but in any event her relative position as a world trader was certainly diminished. In 1815, Britain's superiority over France as a commercial and industrial power, as a technological innovator, and as a provider of banking and other financial services to the wider world was greater than it had been at the start of the wars. In that sense at least the Continental Blockade had plainly failed in the end.

Otherwise, the balance-sheet is more mixed. The wars, as such, brought their main *direct* benefits to the sectors geared for military contracting: armaments, military clothing of all sorts, transports and field supplies, and of course the critical services concerned with food supplies. The role of such military markets seems unusually important throughout this period, yet apart from a few rather old texts, themselves selective in range, the subject has never been analysed systematically. Its quantification remains sadly incomplete, not least for the Napoleonic period. Moreover, though little affected

11

by military markets, cottons were easily the most dynamic industrial sector, gaining most from the official exclusion of competing foreign goods. Mechanization, especially in spinning (mule-jennies), weathered the Revolutionary wars, which brought uncertainties in the supply of colonial primary materials and made technological transfers across state frontiers trickier, and then made signal headway under the Empire. The consumption of raw cotton, though well below British levels, doubled from 1803 to 1807, rose again to a peak in 1810, when crisis struck, and was thereafter more erratic. Concentrations of production built up in Paris, the Seine-Inférieure, Nord, Haut-Rhin, and Ghent, and cotton exports reached their height in 1807-1810. By comparison, the silk and woollen industries were less dynamic, but held their own under Napoleon, the former helped by Court patronage, the latter by military markets. There were some interesting developments in the chemical industry (e.g. artificial dyes and bleaching materials); while primary metallurgy, so often seen as a lethargic sector, needs reassessment in the light of Denis Woronoff's major study of the iron industry (1789-1815). But no such apology could be made for French linens, an archaic branch in general decline.

What, finally, of agriculture, the predominant sector ? Sadly, it remains an under-researched part of the French economy in this period, although accounting for at least 75 % of its GNP. The present consensus, following Michel Morineau, is set against the idea of an "agricultural revolution" in France at any stage between 1750 and 1815. In Britain, the wars had an inflationary effect on food prices, but also spurred on enclosure and other agricultural improvements. In France, the Revolutionary land settlement and the wars do not appear to have encouraged comparable developments. It is then all the more significant that on the whole Napoleon enjoyed favourable harvests. Only those of 1801-1803 and 1811 were widely deficient, while the four-year cycle of 1806-1809 was especially plentiful. One might well ask how far harvest sufficiency, the "luck factor" so to speak, helped to cushion the critical food markets from the generally upward trend of prices during the wars, how far it explains popular acquiescence in Napoleon's regime, and how far it may have held back technical improvements in French agriculture at that time.

REFERENCES

L. Bergeron, *France under Napoleon* (Eng. ed., Princeton, 1981).

F. Crouzet, "Wars, Blockade, and Economic Change in Europe, 1792-1815", *Journal of Economic History*, 24 (1964), 567-588.

LES MILIEUX D'AFFAIRES, LA GUERRE ET LA PAIX (1792-1815)

Louis BERGERON
Ecole des Hautes Etudes en Sciences Sociales, Paris

Vingt-trois années de guerre généralisée, coupées de brefs répits, constituent à coup sûr une conjoncture et un accident de caractère exceptionnel dont les milieux d'affaires des pays belligérants ont lourdement payé les frais. Mais la constatation doit être sérieusement nuancée : la guerre engendre ses profits, elle aussi; et tout dépend de quelles affaires on parle. Les réflexions s'appuient dans les pages qui suivent principalement sur des exemples européens et, plus restrictivement encore, français; en ce qui concerne la Grande-Bretagne, on chercherait en vain quelque chose à ajouter à la magistrale mise au point de cent neuf pages dont François Crouzet a fait précéder la réédition de sa thèse sur *L'économie britannique et le blocus continental* (Paris, 1987).

Le négoce, et avant tout son aristocratie : celle du négoce maritime - est au sein des milieux d'affaires la catégorie dont le choix et l'opinion, dans l'alternative considérée ici, apparaissent les plus catégoriques et les plus tranchés. L'âme des échanges à longue distance, sur terre ou sur mer, c'est la paix, indispensable à la sécurité et à la régularité des circulations. En dépendent : les voyages des personnes et des courriers, sur lesquels se fondent les réseaux, les informations, les spéculations, les cours; les trafics eux-mêmes et la sauvegarde des biens transportés; l'espoir des gains qui, sauf exceptions, repose avant tout sur la stabilité des clientèles et la répétition prévisible des opérations. Vingt-trois ans de guerres : si l'on excepte quelques flambées de joie et de fierté suscitées par de brillants succès militaires, quelques moments d'espoir nés de la consolidation politique à partir de 1800, ce quart de siècle a coïncidé pour le négoce français avec une longue lamentation après le retour à des conditions normales; la paix, mais aussi, à l'intérieur, l'ordre civil et social, la liberté. Joël Cornette a fort bien analysé cette psychose dans son *Benoît Lacombe, un révolutionnaire ordinaire* (Paris, 1986); ce propriétaire viticole et commissionnaire en vins, entre Gaillac et Bordeaux, n'a cessé de confier ses tracas à sa correspondance, entretenant "l'espoir insensé d'une reprise du commerce atlantique", d'une récupération de Saint-Domingue, conservant de l'aventure des assignats une méfiance profonde à l'égard des billets de la Banque de France. La réserve de sympathie dont bénéficiait Bonaparte s'épuisera avec le recul perpétuel de la paix à l'horizon; les négociants, qui rêvent de grandeurs commerciales et non guerrières, reporteront leurs espoirs sur Metternich et pousseront un soupir de soulagement avec l'échec des Cent Jours. Lacombe écrit en 1806 : "Faut-il faire des affaires avec les débris de ce que l'on a ?" La terre a remplacé la mer, il faut vendre son vin à Paris ou dans le Massif Central : en fait, "la mécanique bien réglée des échanges" est définitivement brisée.

La guerre, pourtant, peut offrir des compensations, pour qui a le goût du risque, le tempérament d'un joueur. Celles de l'armement en course, par exemple, ou du repli sur le cabotage. Occasionnellement, celles du commerce avec les neutres ou de l'exploitation des licences. Par dessus tout, c'est la violation du blocus, la contrebande qui peut procurer les bénéfices les plus juteux, qui naissent aux points critiques de circuits commerciaux de substitution d'une complication parfois extrême, sur les routes continentales des Balkans, des Alpes et de l'Allemagne, qui unissent, à l'Est d'une France impériale aux barrières répulsives, les façades méditerranéenne et baltique de l'Europe. Sur la frontière douanière du Rhin, depuis 1798, naissent de Cologne à Francfort, à Strasbourg et à Bâle des fortunes commerciales rapidement édifiées, génératrices d'une accumulation de capitaux dont la banque et l'industrie profiteront une fois la paix revenue. Enfin, ceux qui ne veulent pas de ces spéculations à haut taux de risque (pas si haut, sans doute, que le taux des assurances maritimes) ont toujours la ressource d'attendre patiemment, en faisant le dos rond. En France en particulier, l'ouverture du fantastique marché des biens nationaux a permis aux plus sages de consolider les créances recouvrées à temps dans des investissements fonciers dont la rente est sûre - rente autant politique qu'économique. La paix revenue, le capital abrité a pu être remobilisé, à moins que d'autres choix ne soient alors intervenus.

Quid, à présent, de l'attitude et de la situation des manieurs d'argent en tous genres, des banquiers aux fournisseurs et aux spéculateurs et agioteurs - sur la monnaie, sur les biens fonds ? Il y a lieu, dans ce domaine en particulier, de distinguer ce qui se passe en France et hors de France. En France en effet, la guerre, la Révolution et la consolidation napoléonienne ont des effets fort ambigus sur les détenteurs et manipulateurs de grands capitaux mobiliers. Soupçonnés à raison de leurs relations internationales et de leurs capacités techniques à mettre leurs capitaux à l'abri, comme à spéculer à la baisse de l'assignat ou à l'accaparement des denrées - ils courent le risque d'être assimilés aux plus dangereux contre-révolutionnaires; leur tendance est à mettre leurs sociétés en sommeil et à attendre que le retour de la paix rétablisse la liberté de circulation des valeurs et des métaux. Mais avec la stabilisation directoriale, le maintien de l'état de guerre cesse de leur apparaître sous un jour purement négatif. Ils peuvent avec Bonaparte retrouver leur fonction "naturelle" de pourvoyeurs du Trésor en avances et crédits, et la création de la Banque de France officialise leur rôle. Grande est la tentation pour les plus puissants d'entre eux de tirer parti de la raréfaction et de la cherté des denrées coloniales pour spéculer sur les quantités qu'ils peuvent encore s'en procurer, arrachant ce rôle au négoce des grands ports. D'autres s'essaient à la gestion de patrimoines fonciers ou sidérurgiques.

Quant aux fournisseurs, la roche Tarpéienne est pour eux bien près du Capitole. Ils sont les seuls à qui la guerre, dans tous les camps, soit profitable et préférable à la paix. Dans le cas de la France, le Directoire et la République exportatrice de la Révolution les ont portés au sommet de leur gloire en établissant le système des marchés généraux pour les vivres et fourrages, réunissant entre les mêmes mains, par divisions militaires, toutes les opérations, de l'achat jusqu'à la livraison dans les magasins, en passant par le transport et la distribution. Dans les équipages d'artillerie, un homme comme Jean Lanchère (1727-1805) opère de 1789 à 1800, employant des milliers de charretiers divisés en brigades auprès des quatorze armées de la République. Le nom combien plus célèbre de Gabriel-Julien Ouvrard (qui avait du reste un frère) vient aussitôt à l'esprit, mais c'est précisément pour rappeler que le plus riche des fournisseurs a connu à partir du Consulat la prison, le retour aux affaires, et finalement la ruine : victime, si l'on peut dire, d'un régime d'autorité et de rationalisation qui s'est progressivement émancipé de la tutelle des faiseurs de services, rompant avec le régime précédent dont plusieurs ministres et hommes politiques avaient vendu leur signature ou pris directement leur part des profits.

En revanche, dans l'Europe de la coalition, qui est aussi celle des Etats moins modernisés, le banquier et le fournisseur, du reste souvent réunis, restent bien plus clairement les rouages officiels et bien admis d'un système traditionnel. La guerre au tournant du XIXe siècle autorise en somme l'épanouissement de la classe des *Hoffaktoren*. De Cologne à Francfort, à Karlsruhe, à Munich et à Vienne, les Oppenheim, Bethmann, Rothschild, Haber, d'Eichthal, Seligmann et quelques autres jouent un rôle que le passage temporaire dans la Confédération du Rhin ne modifiera pas. Bien mieux, dès le temps de la guerre (1812, pour l'un des Rothschild) ou peu d'années après le rétablissement de la paix, certains d'entre eux viendront amplifier leurs succès par un établissement parisien. Dès le temps de la guerre en tous cas, on a souligné plus d'une fois le rôle joué par certaines maisons dans le transfert d'Angeleterre sur le continent des fonds nécessaires à la coalition : la banque et la contrebande ont en maintes occasions aboli les frontières les mieux gardées, la distinction entre les camps et finalement, pourrait-on dire, la distinction entre la guerre et la paix. Situées en des points sensibles, au contact de la sphère napoléonienne et de l'Europe qui lui échappait, des villes telles que Hambourg et Francfort émergeront de la guerre comme les phares nouveaux du commerce intercontinental ou du marché financier au service des Etats.

Dans la position la plus proche des hommes, des matériaux et des techniques, comment se situent enfin les entrepreneurs d'industrie face à la paix et à la guerre ? En ce domaine également, les choses sont moins simples qu'il n'y paraît au premier abord. Dans la rivalité entre l'Angleterre et la France, il est facile de voir que l'une des deux a pratiquement tout perdu sur le plan du contrôle des échanges océaniques. S'il s'agit de la nouvelle croissance née avec le XVIIIe siècle - la croissance industrielle - le jugement devient plus délicat. Comment les promoteurs du nouveau marché industriel jouent-ils de la guerre, et de quel temps souffrent-ils le plus ?

Prenons pour exemple l'industrie cotonnière de la Haute-Normandie, dont on sait que, dans les années 1780, elle entrait hardiment dans la voie de la mécanisation de la filature et dans l'imitation du modèle britannique. Et plus particulièrement le cas de l'ancienne abbaye de Fontaine-Guérard, dans le département de l'Eure, dont le moulin à blé et les prairies avoisinantes ont été adjugées en mars 1792 à François Guéroult, architecte, demeurant à Rouen. Associé à un beau-frère, il décide immédiatement de convertir le moulin à blé en filature de coton. L'un d'eux effectue en 1792 un voyage en Angleterre et s'y procure des modèles - il faut sans doute comprendre : des plans - de "mécaniques" qu'il fait construire en France. En décembre la société acquiert également la maison conventuelle; au total les acquisitions de biens nationaux se montent à 135.000 livres. En même temps elle engage pour seize ans l'Anglais John Flint, qui a déjà équipé en 1784 une filature à Louviers, afin de développer l'outillage, de recruter mécaniciens, ouvriers et contremaîtres, et de diriger le travail sur place; le tout pour un fixe annuel de 5000 livres accru d'un huitième des bénéfices. Moins d'un an plus tard, Flint demande l'annulation de son contrat, sous les prétexte que la guerre avec l'Angeleterre l'empêche de l'exécuter complètement; Guéroult ne s'en décourage pas pour autant et prend la direction de la filature au début de 1794. Certes, en 1795-1796, le coton devient rare et cher et il faut aller en acheter jusqu'en Suisse. Les actionnaires inquiets se dessaisissent de leur parts : qu'à cela ne tienne, François Guéroult les rachète et devient seul propriétaire au début de 1797. Il s'adresse au ministre de l'Intérieur pour obtenir des délais de paiement sur le restant dû à l'Etat sur les biens nationaux; la pétition révèle bien le ressort de son acharnement : "Nous avons à conquérir sur nos rivaux ... dans ce genre d'industrie .... Les Anglais sont seuls en possession de fournir l'Allemagne, la Russie, l'Espagne, l'Italie" : il s'agit d'être en mesure de "partager avec eux l'exploitation de ces mines inépuisables. La balance de notre commerce se rétablirait dans des rapports plus brillants qu'ils n'étaient pour nous avant le désastre de nos colonies. Que faut-il pour tant de grandes choses ? Des encouragements, des primes, la défense d'importer en France autrement que sur un navire français". Pour remédier à la désertion de la main-d'oeuvre masculine, qui préfère aller s'embaucher sur des exploitations agricoles où on la nourrit et lui paie un salaire en nature, Guéroult recourt à cinquante filles prises dans les établissements de l'Assistance publique. Du reste la fin du Directoire ramène l'espoir : amélioration des récoltes, reprise du marché favorisée par le report de la frontière douanière aux limites des pays annexés. Une nouvelle société est formée, on songe à construire une nouvelle filature équipée de *mule jennies*, et d'une machine à vapeur : le charbon viendra de Littry (Calvados), de Belgique, d'Angleterre. Certes le blocus gênera l'approvisionnement en charbon (celui d'Angleterre étant le meilleur), et en coton : il faudra en faire venir du Levant et de Macédoine. A plusieurs reprises l'activité se ralentira fortement. Pourtant Guéroult à Fontaine-Guérard sort de l'Empire avec trois filatures (coton, chanvre, laine) et des milliers de broches; et c'est la paix qui va lui causer les plus graves difficultés, la faillite et la vente d'une affaire que reprendra le fameux baron Levavasseur.

On pourrait reprendre une démonstration analogue à partir de l'histoire de l'entreprise Oberkampf - les indiennes de Jouy-en-Josas et la filature de Chantemerle à Essonnes - une entreprise qui n'a jamais arrêté le travail et dont les investissements majeurs en bâtiments nouveaux, en travail intégré, datent du début de la guerre et du milieu du Premier Empire. De façon récurrente, la guerre gêne la marche des affaires : difficultés à mettre en place des circuits de remplacement ou à choisir des fournisseurs de substitution; irrégularité du marché intérieur; conquête malaisée de marchés extérieurs. Pourtant, jamais le schéma général de l'action entrepreneuriale n'est remis en cause : à savoir, utiliser la guerre, par ailleurs néfaste, comme le bouclier à l'abri duquel des structures de production modernisées vont se mettre en place, et si la paix revient obtenir que l'Etat prolonge par d'autres mesures l'existence de ce bouclier. L'alternative entre la guerre et la paix est, d'une certaine manière, celle entre le trop et le trop peu de protection.... .

Les choses sont donc claires : les guerres de 1792-1815 ne déterminent en aucune manière dans l'histoire de l'entreprise française ce "blanc" qu'une ligne pessimiste de l'histoire économique de la Révolution se complaît à imaginer. Dans l'ensemble des milieux d'affaires français, les industriels ont sans nul doute été les éléments les plus belliqueux, les plus combatifs, créant ou recréant sans cesse (sauf, sans doute, vers 1793-1795) de nouvelles affaires, et bien décidés à utiliser des circonstances exceptionnelles pour se préparer à en découdre avec l'industrie anglaise, le jour venu. Les années du Directoire et du Consulat sont celles de l'épanouissement du premier patronat de la révolution industrielle, de Rouen à Roubaix et à Mulhouse et à son arrière-pays vosgien, celles du début de la mutation du marchand-fabricant en patron d'usine. Mais ceux du textile ne sont pas les seuls à considérer. Si la sidérurgie ne trouve dans les mêmes années aucune incitation décisive à entreprendre une évolution technique qui est décidément pour plus tard, en revanche son personnel est lui aussi en plein renouvellement lié aux changements de mains qu'ont connu les "grosses forges". D'autre part le textile ne vit pas seul : il entraîne la naissance en pleine guerre d'une classe nouvelle de petits et moyens entrepreneurs de la construction mécanique et de la chimie. Ce trio n'existait pas en 1792; il est déjà classique en 1815.

Un quart de siècle témoins de la guerre, les milieux d'affaires français - et européens - ont au total manifesté une aptitude remarquable au renouvellement et à l'innovation technique et économique. On insiste souvent, et non sans raison, sur l'importance majoritaire de la continuité sociale dans la structure des élites dirigeantes des affaires, de part et d'autre de la Révolution, politique ou industrielle. Mais cette continuité n'est pas exclusive d'une évolution profonde du type d'entrepreneur. L'Europe occidentale et centrale, profondément marquée par l'épisode long de la proto-industrialisation, prend conscience de la nécessité de la combiner avec un usage prudent de la machine. A Biella la maison Sella, personnage historique du commerce et de la manufacture de la laine, se lamente du fait que l'inclusion dans les frontières de la France la mette hors d'état de résister à la compétition d'une industrie dominante, plus avancée. Dans la région de Liège en revanche, les nouveaux seigneurs du charbon, du textile et de la construction mécanique partent à la conquête du marché qui leur est offert et la maison Cockerill vend ses assortiments de "mécaniques" à travailler la laine jusque dans le Languedoc.

Au renouveau des milieux d'affaires contribue un brassage géographique qui s'accentue à la jointure des deux siècles. Paris en est l'une des principales bénéficiaires. On a déjà évoqué la migration d'un Rothschild anticipant les bonnes affaires de l'après-guerre. Les provinces françaises elles-mêmes envoient dans la capitale leurs éléments les plus dynamiques, au point que le temps des guerres est celui durant lequel se met en place le nouvel état-major des affaires parisiennes. On en prendra pour finir trois exemples, aux significations très diversifiées.

Premier exemple : les Seillière. Négociants et manufacturiers en draps et en laine en Lorraine, la guerre leur apporte leur bonne part de contrats de fournitures militaires. L'installation d'une antenne à Paris est le résultat d'une nécessité : celle d'avoir dans la capitale politique de la France un émissaire permanent qui suive les affaires de bout en bout, jusqu'à l'apurement des comptes avec l'Etat. La banque Seillière naît comme banque d'un petit groupe industriel; elles évoluera en banque d'affaires de premier rang prenant des intérêts dans d'importantes sociétés. C'est un type nouveau d'institution financière, dont la naissance en somme est due à la guerre.

Deuxième exemple : Chaptal. Venu du haut Languedoc, il retournera au calme des résidences provinciales après un séjour de quelques années à Paris. Mais son passage aux affaires de l'Etat comme sa position au carrefour d'élites différentes permettent d'interpréter Chaptal comme le fondateur d'une nouvelle culture de l'homme d'affaires. Chaptal, en effet, est avant tout et par origine un intellectuel, un homme de l'enseignement universitaire des sciences de la nature et de la chimie. Il a subi la tentation de tirer parti de ses connaissances théoriques pour se lancer lui-même dans l'industrie. Il inaugure donc une tradition de coopération entre recherche et production, de mise des connaissances théoriques au service du progrès matériel de ses concitoyens, dans les domaines les plus variés du reste, qui touchent à l'agriculture aussi bien qu'à l'industrie. Mais cet homme étonnant est capable de se tenir tour à tour au dedans de la pratique de l'activité économique, et très au-dessus d'elle, dans l'exercice d'une réflexion d'ensemble sur l'économie nationale. Il renouvelle enfin la tradition de l'intérêt de l'Etat pour les capacités productives de la nation, en mettant l'accent sur la nécessité de l'enseignement et de la formation autant que sur celle d'une éventuelle protection des secteurs les plus menacés. Chaptal est sans doute autant un humaniste de l'économie qu'un homme d'affaires. Il n'en préfigure pas moins un type d'homme d'affaires qui est plus du XXe siècle que du XIXe, c'est-à-dire d'un entrepreneur conscient d'occuper une place centrale dans le bon (ou éventuellement le mauvais) fonctionnement d'une nouvelle société, celle de la gestion des richesses. Tenant résolu du libéralisme sous un régime despotique, il est aussi de ceux qui ont su prévoir en temps de guerre les modalités d'un retour à l'économie de paix internationale.

Troisième exemple : celui de Claude Perier et de ses enfants. Cette famille dauphinoise offre peut-être l'image la plus achevée, pour la France, d'une ascension matérielle et sociale poursuivant sa courbe imperturbablement, comme si la Révolution et la guerre étaient impuissantes à briser une dynamique mise en route dans les décennies précédentes. La fascination particulière de cette réussite tient peut-être à la capacité de ses membres les plus actifs, sans négliger les bases provinciales de départ, à saisir le déplacement de la géographie économique de la France engendré par la guerre. Paris est en effet choisi comme le siège d'une entreprise de brasseurs d'affaires qui, d'Anzin à la Normandie et à la région parisienne, prend une part essentielle à tout ce qui structure désormais l'économie de la moitié nord-est de la France. L'ampleur du succès soutient le triomphe social, celui de grands bourgeois touchés par l'anoblissement aux dernières années de l'Ancien Régime, et qui vont émerger au niveau des notables nationaux sous la Monarchie de Juillet.

Conclusion provisoire : la guerre franco-anglaise et franco-européenne n'a pas décimé les milieux d'affaires. Elle n'a pas coupé leur racines profondes, ni anéante toutes les fortunes. Elle a probablement, en tout cas, joué le rôle d'un accélérateur dans leur remodelage.

LE FINANCEMENT DES GUERRES DE LA REVOLUTION ET DE L'EMPIRE

Florin AFTALION
Ecole Supérieure des Sciences Economiques et Commerciales,
Cercy, France

L'intitulé de cette communication, clair au premier abord, n'est pas, au fond, dénoué d'ambiguïtés. Que faut-il entendre exactement par le financement des guerres ? Procéder à l'examen du bilan purement financier des ressources mobilisées par les gouvernements qui se sont succédés en France entre 1792 et 1815 pour régler les dépenses militaires liées à la solde de la troupe, à son entretien, à son équipement, aux ouvrages d'art, etc., paraît nécessaire mais trop limitatif. Aller au-delà du constat comptable, au demeurant difficile à établir avec précision, et s'interroger sur les conséquences directes ou indirectes du financement de ces guerres jette un éclairage plus original sur les extraordinaires changements qu'a connus l'époque qui nous intéresse.

Comment, les divers gouvernements de la Révolution et de l'Empire se sont-ils procurés l'argent de la guerre ? Impressions de papier-monnaie, emprunts, impôts de toutes formes, tributs prélevés sur les pays conquis, ont constitué des moyens plus particulièrement sollicités à telle ou telle période. Les effets des ponctions ainsi effectuées sur les économies doivent être examinés. Comme doivent être examinés les effets plus indirects provoqués sur les institutions par les énormes besoins financiers de l'Etat. Car pour conduire des guerres longues celui-ci, sous le Consulat et l'Empire, a mis en place un système de collecte fiscale rigoureuse et des structures, dont la plus remarquable est la Banque de France, chargées de lui apporter la stabilité financière. Toutefois, cette stabilité ne fut pas un condition suffisante lors des campagnes ruineuses de la fin de l'ère napoléonienne.

BUDGET ET DEPENSES MILITAIRES

Sous l'Ancien Régime et pendant la période révolutionnaire les comptes de l'Etat n'étant pas systématiquement établis ne pouvaient pas faire l'objet de publicité ou de contrôles. Nous ne pouvons donc aujourd'hui en avoir qu'une connaissance imparfaite. Il faut attendre la constitution de l'an VIII qui institua le vote annuel des budgets et rompit radicalement avec le passé pour que nous puissions disposer de données à peu près fiables. Pour Bonaparte, qui se préparait aux guerres futures, cette innovation véritablement moderne répondait à une nécessité - rétablir le crédit de l'Etat - et non à un goût pour le libéralisme qui ne l'habitait nullement.

Rappelons que le dernier budget de l'Ancien Régime, tel qu'il a pu être reconstitué (Braesch, 1936), portait sur un total de dépenses de 629 millions de livres (par souci de simplicité tous les chiffres seront arrondis), dont la guerre devait absorber 16.83 % (soit 106 millions) et la marine et les colonies 7,18 % (soit 45 millions). Au total, en période de paix il est vrai, les dépenses militaires de la monarchie se seraient montées à environ 150 millions par an. Sous la Révolution, toute analyse quantitative en termes réels devient impossible, non seulement par manque d'états fiables des dépenses mais, surtout à cause de l'instabilité de la valeur des assignats. Un rapport de Cambon, présenté à la Législative la veille de la déclaration de guerre, donnait pour l'année 1792 un total de dépenses de 827 millions qui devaient être surcouvertes par les recettes. Les émissions d'assignats et les autres expédients auxquels il fallut se résoudre peu de temps après démontrent l'optimisme du futur ministre et l'impossibilité de prendre au sérieux les évaluations de l'époque. Venons en donc au budget de l'an IX établi conformément à la nouvelle constitution. Il prévoyait des recettes de 514 millions (dont 87 devaient être levés sur les territoires occupés) consacrées pour 295 millions à la guerre et 80 millions à la marine. Il s'agissait là d'un budget relativement modeste, mais en comparaison de ceux qui allaient suivre la rupture de la paix d'Amiens. En effet, pour l'an XI, les dépenses de l'Etat devaient se monter à 632 millions pour atteindre 706 millions en 1807, 795 millions en 1810 en 1030 millions en 1812. Les dépenses liées à la guerre proprement dite, marine exclue, évoluaient, bien entendu, parallèlement, puisqu'elles atteignirent 321 millions en 1807 puis 520 millions en 1812. De son côté la marine se vit affecter 180 millions en l'an XII, somme qui devait baisser aux environs de 110 millions après que fut abandonné le project de débarquement en Angeleterre, puis avoisiner 160 millions à la fin de l'Empire (Marion, 1924).

SOURCES DE FINANCEMENT

En l'espace d'un quart de siècle l'augmentation des budget de l'Etat (environ 50 %), gonflés par les dépenses de guerre (qui elles sont multipliées par 3,5 sur la période), est considérable. Etant donné que l'Ancien Régime a sombré parce qu'il ne parvenait plus à couvrir des dépenses pourtant bien inférieures à celles des années ultérieures, la question du financement des budgets de la Révolution et de l'Empire parait primordiale.

Cette question s'est d'abord posée à la Constituante. L'origine de bien des problèmes ultérieurs provient du fait que celle-ci céda à la facilté, d'abord en supprimant les impôts de l'Ancien Régime, et ensuite en instituant un système fiscal laxiste. Elle vota des impôts qui, par réaction aux pratiques de la monarchie et sous l'influence des thèses physiocratiques, devaient surtout frapper les propriétaires. Ils prenaient la forme de taxes foncières et accessoirement mobilières et de la patente (l'impôt sur les portes et fenêtres devait compléter plus tard cette panoplie). Pendant la dernière décennie du siècle, ils furent loin de produire le rendement qui en était théoriquement attendu. La raison de cette carence tient dans le double refus des autorités révolutionnaires d'utiliser l'administration fiscale de l'Ancien Régime et de réprimer les fuites et les fraudes. Incapables de faire entrer correctement les contributions ces autorités eurent de plus en plus recours à des expédients : confiscation puis vente des biens des émigrés, des suspects et des suppliciés, emprunts, emprunts forcés, banqueroutes et annulations arbitraires des dettes. Expédients qui n'excluaient pas l'invention de nouveaux impôts et particulièrement d'impôts indirects inspirés par les pratiques en vigueur sous la monarchie mais, qualité determinante, faciles à lever. C'est ainsi qu'en l'an XI, les impôts directs ne représentaient qu'un peu moins de la moitié des recettes fiscales totales.

Cependant, il ne s'agissait là que de mesures d'appoint. La constituante prétendit avoir trouvé la véritable solution à son problème budgétaire lorsqu'elle vota la "mise à la disposition de la Nation" des biens du clergé. Incapable de réaliser rapidement l'énorme richesse dont elle venait ainsi de se doter elle en fit le soi-disant gage des assignats. Ces derniers étaient censés servir au remboursement de la dette de l'Etat. En réalité, ils furent émis sans restriction pour financer, au jour le jour, les dépensees courantes des gouvernements.

Au total, les émissions de papier-monnaie produisirent en six années l'équivalent de 6 milliards-or (Harris, 1930). Harris a obtenu ce chiffre en sommant les valeurs nominales des émissions multipliées par les fractions de valeurs représentées au moment de l'émission par la livre-assignat par rapport à la livre-métal. Il ne faut cependant pas oublier qu'il s'agit là de ressources brutes et non nettes des pertes que les assignats ont causées à l'Etat. En effet, le papier-monnaie déprécié, parfois même fortement déprécié, a servi pendant des années au paiement des impôts et à celui des biens nationaux vendus aux enchères et achetés à crédit. Ce que l'Etat a ainsi perdu n'a jamais été estimé, mais pourrait être de l'ordre de un, voire plusieurs milliards.

Lorsque le papier-monnaie commença à coûter au pouvoir politique plus qu'il ne lui rapportait, celui-ci y renonça. L'extrême détresse financière du Directoire ne cessa que sous le Consulat avec l'instauration d'un système fiscal plus efficace qui parvint à mieux lever les impôts décidés par le gouvernement. A partir de l'an VIII, en effet, des fonctionnaires spécialisés (la Direction des contributions directes) se virent chargés de l'établissement des rôles, de leur vérification et de leur expédition. Ce qui n'annula pas du jour au lendemain les retards des perceptions (les percepteurs ne furent créés qu'en l'an XII) et ne dissuada pas le gouvernement de recourir à des expédients (rétablissement des octrois, cautionnements demandés aux membres de diverses administrations). Cependant, avec la croissance des dépenses militaires, les demi-mesures n'allaient plus suffire; seules les richesses tirées des pays occupés ou vaincus pouvaient constituer l'indispensable complément de la fiscalité. Désormais la guerre devait nourrir la guerre.

La mise à contribution des pays conquis avait, en réalité, commencé sous la Convention. Elle devait prendre des formes diverses. Certaines n'étaient que l'extension de pratiques françaises comme l'absorption par ces pays de papier-monnaie français ou la réquisition des biens du clergé. Ou encore l'acquittement d'impôts. D'après Gaudin, par exemple, les pays réunis à la France devaient, pour l'année 1812, verser pour 226 millions d'impôts nets.

D'autres étaient plus spécifiques à la guerre : pillage par les troupes en campagne des territoires conquis ou contributions de guerre imposées aux puissances vaincues (notamment par les traités de Presbourg, de Tilsit et de Vienne).

Ainsi les guerres contribuèrent-elles à la bonne situation financière des années 1806 et 1807. Mais dramatique corollaire, les revers allaient accroître la détresse des finances impériales. Déjà la campagne de 1809, quoique victorieuse, s'avéra peu productive. L'occupation de l'Espagne fut un gouffre et la campagne de Russie une catastrophe financière autant que militaire.

COUTS INDIRECTS

Ayant indiqué comment les gouvernements de la Révolution et de l'Empire financèrent leur budgets de guerre il nous reste à évoquer les conséquences indirectes des procédés utilisés. L'impôt, nous le savons, n'est jamais économiquement neutre. Non seulement il appauvrit les contribuables mais, de plus, il modifie leurs plans de production et d'épargne. A chaque type d'impôt correpondent des distorsions particulières plus ou moins graves. Comme, par nature, ces distorsions sont indirectes, leur corrélation avec les impôts qui leur ont donné naissance n'est pas toujours facile à percevoir. En revanche, les coûts de l'inflation, cet impôt sur les encaisses, sont faciles à comprendre. A cause de l'érosion des assignats, les producteurs (surtout ceux de produits agricoles à l'époque qui nous intéresse) ralentissent l'approvisionnement des marchés, et provoquent ainsi la disette qui, à son tour, génère ses propres conséquences économiques (freinage de l'activité puis chômage dans d'autres branches). Ainsi s'explique la grave crise frumentaire dont le paroxysme a été atteint de 1793 à 1796 (Aftalion, 1987).

En dehors des morts et des destructions matérielles, il convient également de comprendre dans le coût des guerres les productions perdues du fait de la conscription des hommes de troupe. L'armée, si elle paie ses équipements (les coûts correspondants sont révélés par les ressources budgétaires affectées aux dépenses militaires), a le pouvoir de mobiliser des soldats sans les payer (ou presque). Ceux-ci acquittent donc un impôt qu'il faut bien ajouter aux autres coûts attribués aux guerres. Une estimation grossière indique

26

qu'une armée de 200.000 hommes coûtait, vers 1800, en salaires non perçus, donc en production non réalisée, environ 200 millions par an.

Mais, comme mentionné plus haut, la notion de financement peut être étendue à l'ensemble des coûts économiques imputables aux campagnes militaires et à leurs conséquences (occupations, blocus, etc). Le bilan, pour le Continent peut être résumé en ces termes (Crouzet, 1985, p. 296) :

> "effondrement des industries "maritimes", décadence de l'industrie des toiles, stagnation de la sidérurgie, croissance modeste de l'industrie de la laine et de la soie, ainsi que de la transformation des métaux, progrès relativement rapide de l'industrie du coton, et modeste accroissement de la production industrielle globale".

Il convient d'ajouter que la production agricole française ne retrouva qu'à la fin de l'Empire son niveau de 1789, les causes de cette stagnation étant multiples, les perturbations révolutionnaires venant s'ajouter à celles dues aux guerres. Quant à l'Angleterre, si elle a suivi une évolution contrastée, elle parait avoir plutôt profité des vingt années de conflits dans lesquels elle se trouva engagée (O'Brien, 1989).

LES NOUVELLES INSTITUTIONS FINANCIERES

Après avoir assaini la fiscalité, Bonaparte voulut aussi doter la France d'une monnaie stable. Il y parvint par la loi du 7 germinal an XI. Conscient, également, des difficultés engendrées par l'absence d'une banque d'émission qui puisse asseoir le crédit public et de la position désavantageuse dans laquelle cette carence plaçait la France vis-à-vis · de l'Angeleterre, il s'employa à fonder la Banque de France. Celle-ci, après des réformes successives qui lui firent perdre une bonne partie de son indépendance, servit, en échange du monopole des émissions, de créancier plus ou moins volontaire de l'Etat. Elle remplit ce rôle en même temps que d'autres établissements financiers de l'Empire, pourtant créés avec d'autres buts. La Caisse d'amortissement, par exemple, eut pour tâche de soutenir le cours de la rente à 5 %, car l'empereur voulait donner à ses ennemis l'impression que son gouvernement ne connaissait jamais de difficultés financières et bénéficiait de la confiance du public (ce qui coûta cher à l'Etat lors de la crise de la

Bourse de l'an XI). Paradoxalement, si Napoléon utilisa en permanence des emprunts n'apparaissant pas au budget, il refusa avec obstination de s'endetter officiellement (pendant son régne la dette publique française s'accrut de 45 à 63 millions). Sans doute pensait-il que l'endettement mettait un Etat en péril et qu'à cet égard l'Angleterre était au bord du précipice.

Toutes les réformes fondamentales qui devaient marquer la suite du XIXe siècle ne réussirent pas dans l'immédiat à placer la France sur un pied d'égalité avec l'Angeleterre. Lorsque Napoléon dut organiser la campagne de 1813, s'il sut trouver des hommes, il fut incapable de trouver les fonds nécessaires pour assurer l'intendance. Le crédit lui manqua, peut-être parce qu'il ne l'avait pas préparé, et malgré les expédients du moment (vente des biens communaux et nouveaux impôts décrétés après Leipzig) la situation devint catastrophique, les revers accroissant la détresse des finances. Au premier trimestre de 1814 des dépenses de 331 millions ne furent couvertes que par des recettes de 77 millions. La débâcle financière annonçait déjà la fin du régime.

Le constat suggère que la thèse de P. Kennedy, selon laquelle les puissances économiques et militaires relatives d'une nation s'élèvent et chutent parallèlement (Kenndy 1987, p. XXIII), doit être amendée. La puissance militaire dépend aussi de la capacité du gouvernement d'une nation d'extraire par la fiscalité ou par l'autres moyens les ressources que réclame son armée.

Au terme de cette brève étude, force est de constater que des questions posées il y a presque deux siècles restent encore sans réponse. Nous ne pouvons, faute de place, que les rappeler ici sans pouvoir tenter de leur donner notre réponse. Les assignats ont-ils sauvé la République ? Autrement dit, au cours de la période 1792 à 1796, l'Etat pouvait-il disposer d'autres ressources que le papier-monnaie pour conduire la guerre ? L'empire aurait-il dû ou pu faire davantage appel au crédit public ? Doit-on imputer sa chute au fait que seules ses victoires et la conquête de pays riches pouvaient financer ses campagnes ? En fin de compte, un constat s'impose. Napoléon, témoin des désordres de la Révolution et du Directoires, exigea que les finances de la France fussent remises en ordre. Malheureusement pour lui, les institutions qu'il fonda ne lui permirent pas de vaincre l'Angleterre. En revanche, elles servirent utilement les régimes qui lui succédèrent.

REFERENCES

F. Aftalion, *L'économie de la Révolution française* (Paris, 1987).

F. Braesch, *Les recettes de les dépenses du Trésor pendant l'année 1789* (Paris, 1936).

F. Crouzet, *De la supériorité de l'Angleterre sur la France* (Paris, 1985).

S.E. Harris, *The Assignats* (Cambridge, 1930).

P. Kennedy, *The Rise and Fall of the Great Powers* (New York, 1987).

M. Marion, *Histoire financière de la France*, tome IV (Paris, 1925).

P.K. O'Brien, "The Impact of the Revolutionary and Napoleonic Wars, 1793-1815", *Review Fernand Braudel Center*, XII (1989).

THE IMPACT OF THE FRENCH WARS ON ACCUMULATION IN BRITAIN: ANOTHER LOOK

Jeffrey G. WILLIAMSON
Harvard University

Most of us now agree that British growth before the 1820s was modest at best. By the standards of the many industrial revolutions which followed, Britain's annual growth in per capita income of roughly 0.3 % before 1815 is hardly impressive. Even during the uneven 1970s, the Third World managed per capita income growth rates around 3.2 % per year, ten times the British rate before the 1820s. And at comparable stages of early industrialization. America grew perhaps five times faster in the antebellum period, while Meiji Japan did the same in the three decades prior to World War I. Why the contrast ? The comparative question is important since it tells us that we must look for explanations that are unique to Britain, rather than for explanations that are generic to all early industrial revolutions as they start on what Ohkawa and Rosovsky call the trend acceleration to modern economic growth.

To repeat, British growth before the 1820s looks odd when set beside the conventional dating of the industrial revolution. There is no evidence of improvement in living standards among the working classes until the 1820s (Lindert and Williamson, 1983). Indeed, stability in the real wage early in the Britsh industrial revolution has encouraged models of labour surplus, still popular today in the Third World. Even the rate of industrialization was slow during the alleged industrial revolution. Industrial output grew at 1.5 and 1.6 % per year up to the 1820s, a rate which exceeded the national income growth rate of 1.3 % only modestly.

Furthermore, Britain was a low saver. A gross domestic saving rate of 9 or 10 % is low compared with the contemporary Third World average of about 20 % in 1977 or Meiji Japan (about 15 % just prior to World War I) or mid 19th century America (23 % in the 1870s). While I intend to explore the implications of Charles Feinstein's revised estimates on this characterization for the conference, for the present I rely on the older estimates which tell us that the rate of capital accumulation was so modest that hardly any capital-deepening took place. The absence of capital-deepening has suggested to some that the new technologies sweeping England were extremely capital-saving. I doubt that they were, but, in any case, and as I will argue below, the alleged capital-saving would apply only to machine technologies, not to plant and social overhead, and the latter was far and away the largest component of the capital stock and of investment. Furthermore, there are other peculiarities associated with the First Industrial Revolution. For example, most of the increase in national income per worker was caused by productivity advance, and little by accumulation and capital-deepening. This has long been textbook wisdom, but the view seems inconsistent with most of what we know about other economies passing through the early stages of their industrial revolutions. In the contemporary Third World, total factor productivity improvements explain only about 10 % of growth. In antebellum America, the figure was 27 %, and things were about the same for Japan between 1908 and 1938. The British industrial revolution seems odd: whereas other nations passing through early industrialization record high contributions for conventional capital accumulation and low contributions for total factor productivity growth, Britain prior to 1820 suggests the opposite. Why ?

When I posed this question six years ago (Williamson, 1984), I thought the answer might be quite simple: the rate of accumulation was suppressed by war well below what it would have been in peace. Thus, I thought we should be searching for mechanisms whereby those expensive French Wars would have somehow created scarce savings for accumulation. Indeed, the surprising fact about the First Industrial Revolution is the low saving rate. Phyllis Deane and W.A. Cole (1962, p. 276) called the saving rate "modest" and Peter Mathias (1972, p. viii) thought the "modesty of rates of accumulation" was one profound difference between late 18th century England and the contemporary Third World. While there may have been other forces at work, I argued that the apparent lack of thrift early in the First Industrial Revolution was simply that savers were accumulating war debt. The gross private saving rate - which includes increased holdings of war debt - was as high as 18.1 % between 1761 and 1821, not so distant from the mid-19th century American or contemporary Third World estimates after all.

My 1984 paper certainly generated a spate of critical responses, one of which was that Britain was able to export that war debt abroad and enjoyed capital imports during the French Wars. Thus, Elise Brezis (1989) and others have argued that Holland financed a good share of Britain's war expenses during the conflicts, leaving Britain to attend to the domestic accumulation requirements associated with the industrial revolution. I intend to say more about this at the conference, but such explanations do little to answer the question: "if Dutch capital was so abundant in Britain, why was the rate of accumulation so slow ?"

Central to my argument, therefore, was the assertion that the French Wars lowered the rate of accumulation during the First Industrial Revolution. If military expenditures were viewed as temporary by the public, then household's permanent income, and thus their consumption, would have fallen by less than the increase in government expenditures. Aggregate demand would have risen, an excess investment demand would have been created, and the real interest rate would have tended to rise. High interest rates would have choked off private demand, investment in particular. Financing the war expenditure by taxes or deficits, in the absence of a glut of Dutch capital, would both have had this effect.

Since we do not have the full national accounts necessary to explore these issues during the First Industrial Revolution, we must rely on indirect tests. The critical indirect test is, therefore, whether military expenditures - financed in large part by debt issue - tended to raise the real interest rate, thus crowding out domestic investment, especially long term investment like city social overhead, housing, and industrial plant.

In 1987, Carol Heim and Philip Mirowski offered such a test. Others have joined this enterprise since, and I hope to assess their more recent findings at the conference. Heim and Mirowski began by asking whether interest rates were higher during wartime. It turns out that nominal interst rates were higher during wartime, but, they argue, real interest rates were not. The asymmetric hinges, of course, on one's view of price expectations. I argued that their treatment of price expectations was too casual (Williamson, 1987). Furthermore, I argued then, and I would still argue now, that the price indices we use to confront this important problem may exaggerate price instability. After all, they tend to oversample tradables, while non-tradable services are likely to have had more stable prices; they use raw materials to proxy various consumption goods, while the former were more unstable than the latter; they use weights which ignore most services, which accounted for more than a third of Britain's national income in 1841. If the price indices we typically use tend to exaggerate price instability, then any estimates of real interest rates will have a downward bias during wartime when aggregate

32

demand was swollen by military expenditures. If the quality of our price series and our knowledge about how price expectations were formed are both in doubt, then all subsequent tests involving the real interest rate will also be in doubt.

I suspect, therefore, that we will have to look elsewhere for evidence if the debate is to be advanced. Where shall we look ? Recently, I have been pursuing T.S. Ashton's thesis regarding wartime underinvestment in what we would call today social overhead (Williamson, forthcoming, Chp. 10). It might pay to repeat Ashton's thesis in own words (1959, p. 65):

> "[M]uch of the revenue needed for the prosecution of war had to be obtained from loans. The proportion was low at first, but mounted as the cost of maintaining the forces increased ... a good deal (of the funds) was deflected from other channels, and in particular from investment in building and construction".

The rest of my remarks here, and in the paper delivered at the conference, will pursue the Ashton theme. Somehow we have forgotten this theme, and I believe it is central to the debates over crowding out and low rates of capital-deepening.

Urban rents rose dramatically across the industrial revolution and this had especially damaging effects on the urban poor by raising their living costs (Williamson, forthcoming, Chp. 9). They made an effort to economize on the more expensive housing by crowding into very densely-packed districts. At the same time, municipal authorities and planners found it extremely difficult to cope with the pollution and disamenities generated by the crowding in these rapidly growing cities. Thus, the cities became serious health hazzards, so much so that Frederick Engels called them "killers". Indeed, the mortality rate was far higher in the cities than in the countryside during 19th century industrial revolutions. The death and sickness associated with this ugly environment fell most heavily on the poor and the extreme poor, those worst equipped to escape the environment. Sickness, mortality and poverty are, of course, highly correlated, but now much of this result was simply due to wartime crowding out and a policy of neglect, twin forces which served to make for underinvestment in city social overhead ?

Let me see if I can quickly tie this urban disamenities theme to the accumulation debate. By the standards of all subsequent industrial revolutions,

Britain recorded very modest investment shares in national income, at least up to the 1820s. Was the investment share low because investment requirements were modest, or was the investment share low because of a savings constraint ? The first view argues that investment demand in the private sector was the critical force driving accumulation during Britain's industrial revolution, low rates of technical progress and an absence of a capital-using bias both serving to minimize private sector investment requirements. The second view, and the one I favour, argues that Britain's growth was savings-constrained, and that wartime crowding out played a big role in dictating that constraint. Until very recently, the first view has dominated the literature.

This dominant view sees early 19th century Britain as so labour-intensive that investment requirements to equip new workers could be easily fulfilled by modest amounts of domestic savings, so easily in fact that domestic savings has to look for outlets overseas. Thus, David Landes (1969, pp. 78-79) brushes problems of accumulation aside with one magisterial sweep, leaving him free to deal with technology and private sector entrepreneurship in the remaining 550 pages of *The Unbound Prometheus*:

> "... however justified this concern with saving and capital may be in this age of costly equipment and facilities (in) abysmally poor would-be industrial economies, it is less relevant to the British experience ... the capital requirements of these early innovations were small ...".

According to Deane, Cole, Landes and Mathias, the explanation for the modest investment requirements during the British industrial revolution lies with simple labour-intensive technologies, capital-saving innovations, capital-stretching and intelligent exploitation of excess capacity.

Where does this benign modest-investment-requirements view come from ? The tradition starts in the 1930s with two very influential papers by Michael Postan (1935) and Herbert Heaton (1937). It turns out, however, that Postan and Heaton restricted their attention to the direct investment requirements of factory production. They ignored the indirect infrastructure requirements, city social overhead in particular. This very narrow window on the industrial revolution tends to blur their vision. Indeed, in the fifty years since Postan wrote his paper, rarely do we hear any mention of housing, infrastructure and social overhead. This is surely a puzzling attribute of the accumulation debate since there is another strand of historical literature which stresses crowding in the cities, a deteriorating urban environment, and lack of public

34

investment in infrastructure (sewers, water supplies, street paving, lighting, refuse removal, and so on). It is also puzzling since we have come to learn just how large such investments loom in typical industrial revolutions, the Third World included. Without them, rates of return in the modern private sector may sag and industrialization can be choked off. Dirty and unhealthy cities can serve to drive up the effective price of labour to urban firms, either by producing sick workers or by requiring large nominal wage bribes to get reluctant workers to enter the dirty cities. Both would serve to raise the effective cost of labour, choking off industrial profits, accumulation, and job creation.

Second, and more important, the literature has confused what actually was with what should have been. It may be a mistake to conclude that Britain's labour-intensive growth strategy was a Good Thing. Heaton's "modest" investment requirements may reflect an attempt to achieve an industrial revolution on the cheap. If so, the strategy may have turned out to be more expensive in the longer run.

At the conference, I will show that one of the key reasons why investment requirements during the First Industrial Revolution were so modest is that Britain failed to commit resources to those urban investment activities which, in Landes' (1969, p. 78) words, make industrialization such a costly venture today, and which make contemporary Third World cities so capital-intensive. It turns out that while actual investment requirements may have been modest during the First Industrial Revolution, they would not have been so modest had investment in social overhead kept pace. In fact, had social overhead investment kept up with all other investment after 1800 - let alone making good on accumulated past deficits - the ICOR over the first half of the 19th century would have been in excess of 4, not the "modest" 3.1 actually achieved. Cities are very capital-intensive in the contemporary Third World. Cities were relatively labour-intensive during the First Industrial Revolution. The difference appears to be explained in large part by a remarkably weak commitment to city social overhead in Britain.

City social overhead was low during the First Industrial Revolution. It lowered investment requirements, perhaps freeing up resources for consumption of foodstuffs and other essential commodities. But it had its price since the cities became ugly, crowded and polluted, breeding high mortality and morbidity especially among the poor. In sharp contrast with the contemporary Third World, and to repeat, Britain's cities were

35

killers: in 1841, city mortality rates were 5.6 per thousand higher than in the countryside; in 1960, Third World cities had mortality rates that were 6.3 per thousand lower than the countryside (Williamson, forthcoming, Table 2.1). We simply do not know how much of this stark demographic contrast between 1841 Britain and the contemporary Third World is due to Britain's low investment in city social overhead, but surely it mattered.

Why was investment in city social overhead so low during the First Industrial Revolution ? The low investment could have been due to any one of the following forces, and they have quite different implications: investment demand for city social overhead may have been low because public health technologies were primitive, or because urban poverty bred low demand for housing; investment demand for city social overhead may have been low because of some capital market failure; investment demand for city social overhead may have been low because of some public sector failure; and investment in city social overhead may have been low due to crowding out during the wars. I believe it was the latter, and will present evidence at the conference which, I hope, will persuade the audience that I'm right.

REFERENCES

T.S. Ashton, *Economic Fluctuations in England, 1700-1800* (Oxford, 1959).

E.S. Brezis, "International Capital Flows During the 18th Century: Did Holland Finance the British Industrial Revolution ?", mimeo., Brandeis University (March 1989).

P. Deane and W.A. Cole, *British Economic Growth 1688-1959* (Cambridge, 1962).

H. Heaton, "Financing the Industrial Revolution", *Bulletin of the Business Historical Society*, XI, 1 (February 1937), 1-10.

D. Landes, *The Unbound Prometheus* (Cambridge, 1969).

P.H. Lindert and J.G. Williamson, "English Workers' Living Standards During the Industrial Revolution: A New Look", *Economic History Review*, 2nd series, 36, 1 (February 1983), 1-25.

P. Mathias, "Preface", F. Crouzet (ed.), *Capital Formation in the Industrial Revolution* (London, 1972).

M.M. Postan, "Recent Trends in the Accumulation of Capital", *Economic History Review*, 6, 1 (October 1935), 1-12.

J.G. Williamson, "Why Was British Growth So Slow during the Industrial Revolution ?", *Journal of Economic History*, 44, 3 (September 1984), 687-712.

J.G. Williamson, "Has Crowding Out Really Been Given a Fair Test ?", *Journal of Economic History*, 47, 1 (March 1987), 214-216.

J.G. Williamson, *Coping with City Growth during the British Industrial Revolution* (Cambridge, forthcoming).

RUSSIAN FINANCE DURING THE FRENCH REVOLUTION AND THE NAPOLEONIC WARS*

Boris V. ANAN'ICH & Sergei K. LEBEDEV
Institute of History, Leningrad, USSR

Foreign credits began playing an important role in Russia's budget after 1796 when the government, under the direction of Catherine II, concluded its first major international loan from the Amsterdam banking house R. & Th. de Smeth. During this period foreign credits became one of Russia's major sources for the financing of wars which allowed Catherine II to expand substantially the territorial boundaries of the Russian Empire.

By the beginning of the French Revolution Russia had credit in Amsterdam, Antwerp and Genoa. After 1788 the main creditors of the Russian government were Hope & C° in Amsterdam and Aimé Régny père, fils & C° in Genoa. Through these banks the Russian Government transacted a series of loans in Amsterdam and Genoa.

The French invasion in Holland in 1794 temporarily deprived Russia of its main money markets. But by 1796, following the ascension of Tsar Paul I to the throne, the Russian government reached an agreement with Hope & C° to consolidate her entire debt to Holland through this one firm. Russia's debt by this time (which included loans taken by the Polish Republic as well) reached some 88 million guldens. Payments by the Russian government of her loans to Holland did not cease despite the war efforts. Even in 1795, when French troops occupied Holland, payments were suspended for only three months; they soon resumed in Hamburg and were continued even in 1799 when Russian troops found themselves in Helder.

In settling its foreign accounts the Russian government usually employed its own court bankers, such as Richard Sutherland (1780-1792). It was not until

---

* Because of considerations of space, the authors have limited the focus of this essay to the role of European money markets in financing Russian military operations, and they have limited their footnotes. For complete citations, argument and data, see their forthcoming article "European Money Markets and the Office of Court Bankers, 1798-1812" (AN SSSR).

March 1798, that Emperor Paul I established the Office for Court Bankers and Commissioners (*Kontora Pridvornykh Bankirov i Kommissionerov*) which fell under the jurisdiction of the State Treasury. This Office existed until 1811 and during its term employed such bankers as R. Voûte, José Pedro Celestino Velho, A. Rall, N. Rogovicoff, H.G. & P. Severin. Until 1803 this Office managed all foreign operations of the Russian government. However its importance soon began to wane and by 1807 the Office managed only a quarter of the Russian government's foreign transactions.

The Office of Court Bankers did not merely inherit R. Sutherland's business connections, but substantially expanded them*. A portion of the Office's correspondence, preserved at the Central State Historical Archives in Leningrad, offers an insight into the role played by the European market in financing Russia's military expenditures during the Napoleonic War period. These previously unused papers illustrate the means by which money was procured to far-away Russian troops.

From the 1790's until the Treaty of Tilsit the bankers of London and Hamburg played an especially significant role in these operations. In December 1798, in St. Petersburg, an Anglo-Russian agreement was signed which granted Russia subsidies for military expenditures. The financing institution was the London banking house Harman & C°. In August 1799, the united forces of Russia and England came ashore in Northern Holland. The Russian expeditionary corps and squadron received money directly from Harman & C° by means of the Russian Ambassador in London and the General Commissar of the British Army.

Money from Harman & C° found its way to Russian troops in Northern Italy in yet another fashion. A large group of European banking houses participated in this operation, but the bankers from Hamburg played an especially central role since it was through Hamburg that most payments in Europe were made. Prior to 1790, in Hamburg, the Office of Court Bankers enjoyed the services of the M. Dorner banking house. However in May 1798 it went bankrupt and the firm Matthiessen & Sillem took its place. Harman & C° transferred to Matthiessen & Sillem part of the funds meant for the Russian government. In addition, the Office's permanent Viennese connection was the banking house Fries & C°. In this way, in July 1799, the Office of Court

---

* See Appendix. A list of the Office's corespondents.

Bankers transferred some 125,000 pounds sterling of credits to representatives of the Russian Army in Vienna. In order to get the money to Vienna, the banking houses Le neveu de G. de Pachaly & C° (Brussels), Gbr. Schickler (Berlin), Frege & C° (Leipzig), J. & G.G. de Halder and Les fils de Jean Obwexer (Augsburg), Gbr. Bethmann and J.F. Gontard & fils (Frankfurt) were directed to transfer fifty-sixty thousand guldens to Fries & C° (located in Vienna). The payment of these sums was drawn to Harman or to Matthiessen & Sillem. Fries & C° also drew payments to Harman. Moreover, even prior to this operation, upon direction from the Office of Court Bankers, Harman & C° purchased promissory notes which were to be forwarded to Hamburg and to various places in Italy and then in turn, transferred to St. Petersburg*. In addition to such complicated transactions by means of promissory notes or bills of exchange, the Russian government also received gold and silver in the form of either ingots or coins.

Those in charge of the Russian army received money not only through Vienna and Hamburg. For example, A. Suvorov received money directly from Augsburg bankers. In order to get money to F. Ushakov's squadron located in the Mediterranean Sea, the bankers employed directly the firm Hübsch & Timoni in Constantinople. During the period of military manoeuvres prior to the Treaty of Tilsit, the Russian army enjoyed the material aid of the Austrian and Prussian Courts**; it also often took out short-term loans wherever it happened to be stationed. For instance, in April 1807, the main commander of the Russian army, L. Bennigsen, took an eight month advance at an annual rate of 6 % from the Königsberg magistrate and the Königsberg banker Isaak Caper. The Court Bankers settled these debts by means of correspondents associated with Toussaint & C° of Königsberg.

The banking house Matthiessen and Sillem especially enjoyed the trust of the Russian government. In September 1800 Russia stopped payments on Genoese loans until the cessation of disturbances in Italy. Matthiessen & Sillem possessed sums meant for Genoa which were to be transferred to

---

*   Here we see a typical example of the system of payments for the end of the eighteenth century. See : Redlich, 1936, pp. 694-705; F. Crouzet, 1958, pp. 119-121.

**   The Prussian King, for instance, loaned some three-million Prussian thalers in 1806-1807. In 1799-1800, the Viennese Court provided Russian troops with foodstuffs and fodder for the sum of three-million guldens. Following the Treaty of Tilsit, relations with Austria became strained and Russia was forced to turn for help to the banking houses of Arnstein & Eskeles and Fries & C°, in order secretly to obtain arms purchased earlier from Austria.

Leghorn to the banker Lambruschini and to London to his correspondent J. & Frs. Baring & C°. In 1800 and 1801 money for the Russian treasury was transferred to Matthiessen & Sillem from the account of the Leghorn bankers Jaume & Schwartz, as well as of Lambruschini. Russia resumed payments on Genoese loans in 1805 through the Casa di San Giorgio, but in 1806, they once again were interrupted.

In the meantime the French army dealt blow after blow to the financial centers connected with England and her allies. In November 1806, Matthiessen & Sillem transferred the funds of the Russian treasury in their possession to Copenhagen.

London remained beyond the reach of the French Army. In London, in 1799, the Russian government received £ 815,000 in subsidies, in 1800 £ 545,494, after which followed a lull in transactions, on account of Anglo-Russian conflicts in 1801. But business resumed in 1802 with Russia receiving £ 250,000, £ 63,000 in 1803, and £ 614,183 in 1807 (Levy, 1927, pp. 68-70)*. In 1807, following the Battle at Eylau, Russia turned to England for a loan of five-six million pounds sterling. However, the Treaty of Tilsit in 1807, which resulted in Russia's joining the Continental Blockade and the beginning of war with England, meant for Russia the loss of the London money market. In this way, Russia was deprived of Britsh subsidies until 1813.

In the fall of 1807, when it became clear that British loans would not come through, the comptroller of the Office of Court Bankers, J. Wulff, managed to obtain two relatively small loans from Altona and Hamburg. On 4 (16) November 1807, he signed a contract with the head of the banking house of Israel Dehn and Company in Altona for an advance of one-million marks from a Hamburg bank for a term of 8mo. - 1 year at an annual rate of 6 % (as under Russia's obligations with Hope & C° for its loan in 1798). On November 7 (19) 1807, in Hamburg, J. Wulff signed a contract with Matthiessen & Sillem for an advance of 5 million marks. In 1808, the Court Bankers also advanced a large sum of money on the account of Dehn to support the Russian squadron in Trieste.

---

* Levy claims that prior to the Continental Blockade a large part of Russian and Austrian subsidies were realized by means of transfers of silver coins through Eichborn & C° (Breslau). This was considered more advantageous than promissory notes since it had no negative effect on the exchange rate. Indeed, the Russian Treasury considered its main task to be the purchase of gold and silver abroad (Levy, 1927, p. 82).

In 1809-1810, the Russian government attempted to obtain loans on territories controlled by France. In May 1809, Napoleon I agreed to loans Russia sought from Genoa for a sum of six-million lire over a ten-year period. Soon thereafter negotiations began with Perregaux Laffitte & C° in Paris* regarding a loan for thirty million francs. However, in 1810 Napoleon I's interdiction of this operation became known, and in December of that year the Russian government was forced to annul its contract with Genoese bankers.

Following their annexation by France in 1810, the money markets of the major trading cities on the European continent were closed to Russian loans. At the same time Paris could not take the place of London's market. The Russian government was left with no alternative but to turn to internal sources and to increase sharply its taxes. In the meantime, in 1810, Russia's national debt reached 668 million roubles, including 577 million roubles in assignats, out of which 364,7 million roubles were released in 1801-1810. In 1810, an attempt was made to reduce the number of assignats in use by converting a portion of them into domestic government bonds.

The rate of exchange began to fall in 1803. After 1807 the drop increased and in 1810 it assumed a threatening character. Russian merchants blamed the situation on the Continental Blockade which undermined trade and credit, and was especially unfortunate since Russian trade was conducted to a large extent on foreign capital. Similar opinions were held by members of the imperial family (i.e. Empress Maria Feodorovna) and by certain government officials. As Count Strogonov wrote :

> "Tout le monde sait que la plus grande partie de notre industrie intérieure était mise en mouvement par les avances que les Anglais nous faisaient et qui mettaient nos paysans à même de pouvoir travailler... Depuis plus de deux cents ans nous avons fleuri par ce moyen et maintenant nous quittons brusquement un système qui nous avait fait monter successivement" (*Vneshniaia Politika*, 1965, p. 108).

In April 1810, the court Bankers, the Severin brothers, advised reducing the trade-deficit balance and checking the flow of monetary currency. To do so, they offered to limit the importation of luxury items and to adapt measures to

---

* Perregaux & C° were correspondents for the Court Bankers at least since 1801. From 1809-1810, promissory notes and credits for money transfers to the Russian embassy and to Russian troops in Toulon were drawn to Perregaux Laffitte & C°.

increase exports. In 1811, the St. Petersburg merchants turned to the government and requested the introduction of a licencing system on products imported by ships of neutral countries. Napoleon I himself practiced such a policy, inasmuch as the burden of the Continental Blockade had greatly increased. "Amsterdam and Hamburg - the two axes around which the entire Russian commerce rotated on the European continent, - wrote Russia's merchants, - for us no longer exist. One after another neutral flags are disappearing". (*Vneshniaia Politika*, 1967, p. 705).

E.V. Tarle and M.F. Zlotnikov researched the influence of the Continental Blockade on Russian trade and industry. According to them, the Blockade provoked a crisis for Russian trade in Europe and at the same time was responsible for the growth in commercial relations with the United States of America. Russia developed as an intermediary in the trade of American and European goods. The country's transit trade increased. In addition, Odessa came to the fore as an important trading transit point between Europe and Asia.

In M.F. Zlotnikov's evaluation, Russia's participation in the continental system of trade deepened the metallurgical crisis, while stimulating various other branches of industry including sugar beets, wool, linen, cotton, and metal works. Prior to the blockade, Russia had 2687 industrial enterprises; in 1811 the figure rose to 3,205 and in 1814 to 3,911. Likewise the number of factory workers in Russia also rose : in 1806 there were 224,882 laborers, in 1811 - 258,761, and in 1814 - 287,692. Finally, there appeared new statutes on industrial exports (Tarle, 1958, p. 654; Zlotnikov, 1966, p. 357).

The new war with Napoleon I from 1812 to 1814 put Russian finance on the brink of catastrophe. Russia's budget deficit of some 360 million roubles during this period was only partially covered (for 42 million roubles) by British subsidies. (According to data provided by F. Levy, British subsidies stood at £ 857,500 in 1813; £ 2,170,000 in 1814, and £ 4,458,070 in 1815) (Levy, 1927, p. 68-70). Another 47 million roubles were taken from national loans. New assignats were printed for 191,8 million roubles, and the remainder was found in other sources. From 1812 to 1815, Russia failed to pay 18 million guldens in interest on its Holland debt of 83 million guldens. The extinction of the entire debt of 101,000,000 guldens was entrusted to Hope & C°. The Netherlands and England took most of the total amount owed (The Netherlands stopped these payments after the secession of Belgium in 1830). The loan was paid in full only in 1891.

While it is true that extended wars exhausted Russian finances and undermined the government's credit, our research demonstrates, paradoxically,
that the financing of military operations promoted Russia's ties with many
banking houses in Europe. Some of these connections remained firm and
long-lasting and continued to the end of the nineteenth century.

APPENDIX

A LIST OF THE OFFICE'S CORREPONDENTS FROM 1798 TO 1809

Cities and banking houses	98	99	00	01	02	03	04	05	06	07	08	09
Altona												
Israel Dehn											+	+
Amsterdam												
R. & T. de Smeth	+	+	+	+	+	+	+		+	+	+	
Hope & Co	+					+			+	+	+	
Augsburg												
J. & G.G. de Halder	+	+	+	+	+				+			
Les fils de Jean Obwexer												
Berlin												
Gbr. Schickler	+	+		+	+	+		+		+		
Gbr. Benecke				+								
Brussels												
Le neveu de G. de Pachaly								+				
Constantinople												
Hübsch & Timoni	+	+	+	+			+	+		+		+
Copenhagen												
Block & Co						+						
De Coninck & Co	+	+		+								
Pierre Peschier		+	+	+	+	+				+		
Rieberg & Co										+		
Danzig												
Schmidt & Balfurt												+
Dresden												
A.F. Gregory	+	+		+								
Florence												
Pietro Bicoieras						+				+		
Frankfurt												
Gbr. Bethmann	+	+	+	+	+						+	+
J.F. Gontard & Fils								+				
Genoa												
Régny & Co	+	+		+	+	+						
Hamburg												
Berenberg, Gossler & Co							+					
Matthiessen & Sillem	+	+	+	+	+	+	+	+	+	+	+	+
Königsberg												
Toussent & Co	+	+	+	+						+	+	

Cities and banking houses	Years											
	98	99	00	01	02	03	04	05	06	07	08	09
Leipzig												
Frege & Co	+	+		+	+		+					
E.H. Löhr & fils				+	+		+	+				
Reichenbach & Co			+	+								
Leghorn												
Berte & Co			+	+								
Lambruschini			+	+		+						
John Calamai			+	+								
London												
Harman Hoare & Co	+	+	+	+	+	+	+	+	+	+		+
Tornton & Smalley		+										
John & Fr^s Baring & Co	+	+	+	+		+						
Lübeck												
Kreger & Co						+						
Ulff & Lüdert			+	+	+	+	+					
Marc André Souchay			+	+						+		
Naples												
Alexis Manzo							+	+				
Paris												
Rougemont & Scherer				+	+							
Perregaux & Co				+	+	+						
Perregaux Laffitte & Co											+	+
Stockholm												
Tottie & Arfwedson		+		+	+	+				+		
Stuttgart												
Zahn & Co	+	+	+									
Venice												
Jean Conrad Reck & Co		+	+	+	+		+	+	+		+	
Vienna												
Fries & Co	+	+	+	+		+		+	+	+		
Warsaw												
Clement Bernaux				+	+							
Frères Sobansky	+	+	+	+								
Levy & Co						+	+					

Sources: Extracts from the letters, balances for 1798, 1799, 1804, 1805, 1807.

ACKNOWLEDGMENTS

We wish to thank Vera Shevzov (Yale Univerity) and Brenda Meehan-Waters (University of Rochester) for their help in translating this article.

REFERENCES

F. Crouzet, *L'économie britannique et le Blocus continental (1806-1813)* (Paris, 1958).

F. Levy, *Die englischen Subsidien in der Zeit der Kontinentalkrieg (1793-1815). Inaugural Dissertation* (Rostock, 1927).

F. Redlich, "Payments between Nations in the Eighteenth and Early Nineteenth Centuries", *The Quarterly of Economics*, 50 (1936), 694-705.

J.M. Sherwig, *Guineas and Gunpowder. British Foreign Aid in the Wars with France, 1793-1815* (Cambridge, Mass., 1969).

E.V. Tarle, "Kontinentalnaia blokada", E.V. Tarle (ed.), *Sochineniia*, vol. III (Moscow, 1958).

Vneshniaia Politika Rossii (Documents on the Foreign Policy of Russia), Seriia pervaia, 1801-1815, vol. IV (Moscow, 1965) and vol. V (Moscow, 1967).

M.F. Zlotnikov, *Kontinentalnaia blokada i Rossiia* (Moscow - Leningrad, 1966). A good portion of M.F. Zlotnikov's research remains unpublished and can be found in the Leningrad Archives of the Academy of Sciences of the USSR.

47

LES CONSEQUENCES ECONOMIQUES DES GUERRES DE LA REVOLUTION EN ALLEMAGNE

Karl Otmar Baron von ARETIN
Darmstadt/Mayence

Il est assez difficile d'étudier les conséquences économiques des guerres dites de la Revolution. Certes, ce fut pendant les années 1792-1801 que furent créées les conditions qui furent responsables des énormes changements territoriaux et sociaux, qui, par l'Allemagne, sont liés à la fin du Saint-Empire en 1806.

Mais ces changements eux-mêmes et a fortiori leurs conséquences n'apparurent qu'après la fin des guerres de la Révolution. Les conséquences économiques ne se montrèrent que beaucoup plus tard encore. Pour les contrées catholiques, l'événement le plus important fut la sécularisation des biens ecclésiastiques, avec tous ses effets dérivés. Tandis que la plupart des territoires avaient été auparavant fermés du point de vue confessionnel, il y eut ensuite un mélange des confessions dans tous les états. Mais ici un autre aspect mérite notre attention : après 1803 la sécularisation des principautés ecclésiastiques et la suppression des monastères provoquèrent dans les régions catholiques le plus grand changement en matière de propriété que l'Allemagne ait jamais connu. La sécularisation des souverains ecclésiastiques, la suppression des monastères et des universités catholiques furent des événements graves, dont l'Allemagne catholique ne se releva pas jusqu'en plein XXe siècle. Certes, tout cela se passa après 1803, mais c'était une conséquence des guerres de la Révolution.

Mais ce n'est pas seulement à cet égard qu'il y a différence entre le Nord et le Sud de l'Allemagne - un fait que presque tous les auteurs ont négligé. On admet généralement qu'il y eut croissance de la population allemande entre 1770 et 1815 (1). Ce fait en tant que tel ne peut être nié. Mais se vérifie-t-il pour tous les territoires allemands ? Nous disposons de statistiques pour la Prusse; nous n'en avons pas pour l'Allemagne du Sud, mais nous avons des indices qu'il ne peut être question d'une croissance démographique en Bavière. Les rapports des diplomates autrichiens à Munich parlent même d'une baisse ininterrompue de la population bavaroise et des efforts du gouvernement pour une amélioration du système des sages-femmes (2). En 1770, l'envoyé autrichien à Munich, le comte Postatzky, parle dans son rapport final de 5000 fermes abandonnées. Vers 1800 R. Lee parle d'un déficit démographique de plus de cinq millions de personnes en Bavière (3). Si donc la croissance de la population, comme on le prétend souvent, est un des facteurs les plus importants des changements qui s'accumulent à la fin du XVIIIe siècle, ce facteur n'a pas joué en Bavière.

Ces exemples me semblent suffisants pour mettre en évidence un problème très particulier. Est-ce que les développements économiques et sociaux dépendent à un tel point des événements politiques, qu'un laps de temps aussi bref que les neuf années des guerres de la Révolution ait pu laisser des traces tellement évidentes et discernables ? Dans presque tous les ouvrages d'histoire économique et sociale, on traite de périodes plus longues et notamment on regroupe les années 1792-1815. Ceci nous pose un problème, car la période aprés 1803- ou 1806 la période dite napoléonienne relève d'une toute autre problématique.

De 1792 à 1795 toute l'Allemage fut engagée dans la guerre de l'Empire contre la France. Avec la paix de Bâle ce ne fut pas seulement la Prusse qui se retira de la guerre. La majeure partie de l'Allemagne du Nord vécut ensuite dans une neutralité garantie par la Prusse. Elle connut alors un essor culturel et économique sans pareil. Le "Classicisme Weimarien" en fut la manifestation la plus significative. Et ceci au moment où l'Allemagne du Sud se transformait en zone de concentration de l'armée autrichienne, pour devenir dans les étés de 1796 et de 1801 un champ de bataille (4). Ceci montre très clairement qu'il n'y eut pas d'évolution et de conséquences communes au Nord et au Sud de l'Allemagne. Tandis que l'Allemagne catholique, à quelques exceptions près, participa activement à la guerre jusqu'en 1801, l'Allemagne du Nord protestante vécut en paix.

La troisième difficulté réside dans le fait qu'après 1803 - ou 1806 - il y eut en Allemagne création de plusieurs états d'une assez grande étendue. Comme leurs frontières changèrent souvent, les statistiques, dans la mesure où il y en à, ne permettent pas de comparaisons. L'institution du Blocus continental en 1806 par Napoléon modifia profondément la structure économique de l'Allemagne, mais elle n'a, au sens strict du terme, aucun rapport avec les guerres de la Révolution. D'un autre côté, il y eut, pendant le Blocus continental, des évolutions, dont les débuts remontent bien plus tôt, et d'autres qui furent interrompues ou connurent des modifications, qu'elles n'auraient pas subies sans ces mesures de contrainte.

Bref, non seulement nous manquons de sources pour donner des détails exacts sur le développement de l'économie allemande pendant les guerres de la Révolution, mais en plus les différences dans le développment des diverses parties de l'Allemagne invitent à la prudence en matière de généralisations. Si l'on interprète le despotisme éclairé comme un processus de rattrapage, tant dans le domaine économique que dans le domaine social, par les pays sous-développés par rapport à des états comme l'Angleterre ou la Hollande, où le capitalisme était pleinement développé, il faut prendre en compte qu'un processus de ce genre fut mis en route tout au plus dans les deux grandes puissances allemandes (5). Le reste de l'Allemagne resta très en retard par rapport à cette évolution et connut, ensuite, en quelques années, un processus de rattrapage hallucinant, "octroyé" par Napoléon.

Au départ, en 1792, quand la France déclara la guerre à l'Autriche, la situation de l'économie du Saint-Empire présentait une extrême variété. Personne ne pensait alors à une fin rapide de cet organisme, qui assurait en tant qu'Etat de droit, la cohabitation de grandes puissances et de tout petits états seigneuriaux. La dernière fois que l'Autriche et la Prusse avaient été alliées, un pays tiers, à savoir la Pologne, en avait payé le prix, par son premier partage en 1772. Cette fois-ci encore, dans l'été 1792, Autrichiens et Prussiens ne discutèrent point sur les moyens de remporter la victoire. La victoire était pour ainsi dire un postulat. Les négociations portaient sur le remboursement du coût de la guerre, que l'on cherchait en Pologne, en Alsace, en Bavière et au Pays-Bas. Mais on ne put se mettre d'accord. La défaite de l'armée austro-prussienne à Valmy désappointa les alliés. Certes on décida d'un nouveau partage de la Pologne en 1795, mais la structure territoriale resta intacte en Allemagne, grâce au renouveau de la rivalité austro-prussienne. En 1795 la Prusse, puis en 1797 l'Autriche renoncèrent à la rive gauche du Rhin : ni l'une ni l'autre n'y avaient des possessions (6). Elles firent cadeau à la France de territoires étrangers. On pensa dédommager les princes dont les territoires avaient souffert de l'opération, grâce à la sécularisation des états ecclésiastiques. Mais dorénavant la France participa à la négociation et elle décida ce que les uns et les autres devaient recevoir. Le partage de l'Allemagne prévu par les trois grandes puissances n'aboutit pas. Les petits états allemands, révoltés par la trahison austro-prussienne, s'alignèrent sur la France, qui organisa une troisième Allemagne sous la forme de la Confédération du Rhin. Tel fut l'arrière-plan politique.

Sur le plan économique, le principal phénomène de ces années ne fut pas l'effort de guerre des divers Etats, mais le Blocus anglais de la France à partir de 1793, qui interrompit brusquement le florissant commerce français avec l'outre-mer. En revanche le commerce des pays en guerre avec la France ou des pays neutres d'Europe moyenne prospéra.

Ainsi deux lignes de développement se dessinèrent, qui ne furent pas réellement interompues par la très brève paix d'Amiens en 1802. L'industrialisation, qui venait de commencer en Allemagne, en particulier en Saxe et en Rhénanie, subit un ralentissement. En revanche, le développement technologique avança à grands pas en Angeleterre. L'écart se creusa entre l'Europe continentale dominée par la France et les océans dominés par l'Angleterre. Cette tendance existait déjà bien avant 1806, mais elle se renforça ensuite, pendant le Blocus continental, qui agit comme un auto-blocus dans de vastes régions.

Y eut-t-il dans l'évolution des prix des mouvements, qui s'expliquent par la situation politique et militaire ? Les prix des céréales en Allemagne ne traduisent qu'imparfaitement les fluctuations du cours de la guerre. Ce fut la mauvaise récolte de 1794 qui fit monter les prix des céréales en 1795, l'année de la paix de Bâle (7). Puis ces prix diminuèrent, indépendamment des événements politico-militaires, jusqu'en 1799, pour remonter sans interruption jusqu'en 1808. Cette courbe n'est pas en rapport avec les événements politiques, mais elle est déterminée par la succession des bonnes, des moins bonnes et des mauvaises récoltes. La situation fut toute différente pour les conséquences de la sécularisation, un événement qui fut le fruit exclusif de la politique et qui n'eut, d'un point de vue politico-économique, aucune "pré-histoire".

Ce fut lors du congrès de Rastatt en 1798 que les participants décidèrent la sécularisation des états ecclésiastiques. A l'époque, on ne mentionna point les monastères. Cet événement, il est vrai, n'était pas inattendu et il s'inscrivait dans une tendance générale. En 1742 - 1743 on avait discuté pour la première fois de la suppression des états ecclésiastiques. Depuis lors des rumeurs relatives à de tels projets avaient continué à courir. Mais tous les intéressés étaient conscients du fait qu'une suppression des états ecclésiastiques reviendrait à la mise à mort du Saint-Empire lui-même. A la suite de la sécularisation, l'Empire, dans son interprétation traditionnelle, devint ingouvernable et il était nécessaire de passer d'un Empire à structure hiérarchique à une union fédérale. Mais ce changement affecta en premier lieu l'espace politique. Cependant la suppression des monastères, décidée en 1803, modifia profondément la structure sociale et economiques des différents états. Cette abolition n'était pas non plus sans antécédents. Tous les pays catholiques - l'Espagne, le Portugal, la Toscane, le royaume de Naples et l'Autriche, avaient connu, dans le cadre des réformes du despotisme éclairé, la suppression de monastères et l'étatisation de leurs biens. Ces mesures d'abolition et d'expropriation étaient, dans les pays catholiques, où les biens de main-morte représentaient jusqu'à 60 % des terres cultivables, une condition nécessaire pour rendre l'Etat compétitif avec les pays protestants. En Allemagne la sécularisation se différencia des mesures prises par le despotisme éclairé par le fait qu'elle concerna tous les monastères.

Il faut savoir que la plupart des monastères n'étaient pas tombés en décadence. Dans la majorité des cas ils étaient à la fois des foyers intellectuels et culturels, des centres d'aide sociale, des donneurs d'emplois et des institutions de crédit. Leur suppression représenta un bouleversement profond pour les campagnes, qui subitement furent provincialisées sur le plan intellectuel (8). Ce qui nous intéresse ici, ce sont plutôt les conséquences économiques : que devinrent ces domaines ? Ces mesures créèrent-elles une nouvelle classe de propriétaires fonciers ?

Tout d'abord l'on doit souligner que les Etats de l'Allemagne du Sud en voie de formation, comme la Bade, Le Wurtemberg, la Hesse-Darmstadt et surtout la Bavière, n'auraient jamais pu satisfaire les impératifs de l'époque napoléonienne et de l'âge des réformes, s'ils n'avaient pas reçu des sommes d'argent importantes par le moyen de la saisie des biens ecclésiastiques. Tandis que les forêts demeurèrent propriété de l'Etat, on essaya de vendre les propriétés agricoles. Comme on pouvait s'y attendre, la vente massive d'un si grand nombre de biens provoqua une baisse des prix. Néanmoins une étude récente a pu constater que l'on ne peut parler d'une dilapidation des domaines de l'Eglise. Bien sûr les méthodes et les résultats varièrent beaucoup selon les pays. Il est évident que l'Etat dut veiller en premier lieu à tirer de l'opération le maximum d'argent possible.

L'étude de ces questions attire l'attention sur deux faits. Tout d'abord la suppression des monastères renforça la tendance à l'augmentation des ventes de biens fonciers, qui était manifeste depuis 1780. Bien avant 1800 les changements dans la propriété du sol étaient devenus assez fréquents dans toute l'Allemagne (9). Le deuxième fait joua un rôle extrêmement important dans le déroulement et les conséquences de la sécularisation (10). Bien que de nombreux pays catholiques eussent connu, depuis le milieu du XVIIIe siècle, une vague de suppressions de monastères, on n'était point préparé en Allemagne à ce phénomène. Il n'y avait pas de plans, et matière de processus de vente des biens d'Eglise et de bénéficiaires de ces ventes. Les programmes de réformes dans les états nouvellement créés et la pression exercée par Napoléon après 1806 firent que l'on dut vendre rapidement les biens d'Eglise et à des prix intéressants. Ceci eut pour conséquence que les artisans des monastères et les fermiers tombèrent dans la misére. En Silésie et en Bavière il n'y eut que quelques exceptions, quand l'on essaya de dédommager les individus qui avaient perdu leur employeur, en parcellisant les biens ecclésiastiques. On n'essaya pas non plus de créer une nouvelle couche de propriétaires fonciers en donnant la préférence à des acheteurs bourgeois. L'idée concevable d'utiliser les bâtiments des monastères pour y installer des manufactures ou des usines fut rarement appliquée.

Les principautés ecclésiastiques d'Empire, qui furent supprimées en 1803, sont à distinguer des biens territoriaux des monastères. En 1803, les principautés ecclésiastiques - dans la mesure où elles n'avaient pas été annexées par les états voisins - furent remises, à titre de compensation, à des petits souverains ou comtes d'Empire de la rive gauche du Rhin, comme les Ottingen-Wallerstein, les Thurn et Taxis, les Lowenstein, etc. En 1806 ces princes perdirent leur indépendance; mais les monastères qui avaient été sécularisés auparavant furent la base de leur future richesse (11).

Les fonctionnaires d'origine noble aussi bien que ceux d'origine bourgeoise furent la deuxième classe importante qui sut profiter de la sécularisation, notamment en Bavière. Des éléments de la petite noblesse réussirent, grâce aux achats de biens d'Eglise, à rejoindre la vieille aristocratie. En Silésie des propriétaires fonciers d'origine bourgeoise acquirent une grande partie des biens ecclésiastiques nationalisés en 1810. En Bavière, les aubergistes et les brasseurs obtinrent des avantages semblables à ceux des propriétaires silésiens. Ainsi se forma une sorte de haute bourgeoisie qui fut cependant d'effectifs restreints. Il en fut de même dans d'autres états, où les bourgeois riches acquirent 15 % à 20 % des biens mis en vente. Curieusement et contrairement à ce que l'on pense souvent, les familles juives, qui avaient fait fortune dans les fournitures militaires, n'achetèrent que rarement des biens monastiques (12). Dans les régions où des biens de monastères ne furent pas mis en vente, le mouvement des prix de la terre fut à la hausse. Ainsi les prix des biens fonciers triplèrent entre 1770 et 1805 en Brandebourg, en Silésie et en Schleswig-Holstein (13).

En conclusion, on peut dire que la sécularisation des biens ecclésiastiques représenta une coupure profonde dans les pays catholiques. Non seulement les maisons régnantes s'enrichirent en acquérant des biens d'Eglise, mais des familles nobles et des familles bourgeoises en profitèrent aussi. Néanmoins, si l'on met à part la perte par l'Eglise de ses biens, il n'y eut point de changements notables dans la répartition de la propriété. En ce qui concerne la noblesse, elle contourna les conséquences négatives de la crise agricole autour de 1815 grâce à l'acquisition de biens des monastères et a leur plus-value. Ceci est particlièrement vrai pour les nobles médiatisés, qui profitèrent de la sécularisation. En Allemagne du Sud, les régions touchées par la suppression des monastères subirent une nouvelle vague de misère et une arriération culturelle. Malheureusement nous manquons d'études sur cette question, d'autant plus que ce changement a pu être compensé par d'autres développements dans les villes.

Aprés 1806 le développement économique de l'Allemagne fut marqué par le Blocus continental, qui eut des conséquences positives ou négatives selon les branches de l'industrie et du commerce. Les industries cotonnières de la Saxe et de la Rhénanie figurent parmi les gagnants, tandis que l'industrie du lin et la métallurgie ont fortement souffert. Plus le Blocus continental se transforma en un système de préférence unilatérale en faveur de l'industrie et du commerce français, plus il y eut de l'hostilité contre la France dans l'opinion allemande, en particulier dans les états de la Confédération du Rhin.

Hans Ulrich Wehler a conclu, pour la période de 1792 à 1815, qu'au total il fallait admettre l'idée, au premier abord étonnante, que l'Allemagne avait été avantagée par les guerres (14). Ceci n'est pas exact pour ce qui est de l'industrialisation qui avait été réalisée vers 1800. Dans les années jusqu'en 1814, l'Angleterre put étendre son avance industrielle, si bien qu'elle devança largement l'Europe continentale en matière de "know how". De plus, l'industrie qui avait grandi sous la protection du Blocus continental fit faillite après 1815. La France se révéla comme la grande perdante. Dans la soi-disant "crise de normalisation après 1815", l'équilibre des forces économiques se modifia à nouveau.

La période qui va de 1792 à 1815 apporta à l'Allemagne, avec le début des réformes en Prusse en dans les états de la Confédération du Rhin, une avancée de modernisation importante, qui ne fut pas limitée au domaine politique. Bien qu'elle ait souffert pendant ces décennies des guerres, et qu'elle ait même été obligée de participer à ces guerres, le développement économique fut positif dans son ensemble. Les grands gagnants de cette époque furent les maisons de banque juives, même si elles n'étaient pas de grands acheteurs de biens monastiques. Ce rapide tableau nécessite des compléments. Je ne suis pas un historien économiste et j'ai de grandes réserves vis-à-vis de la thèse selon laquelle les développements économiques sont à l'origine des changements politiques. Cependant une chose est sûre pour la période 1792-1815 : il y eut, parallèlement aux changements politiques, des développements économiques et sociaux d'une importance non négligeable. Il me semble que la politique eut plus d'influence sur les changements économiques et sociaux que vice versa. L'image du développement économique de l'Allemagne de 1770 à 1815 varie tellement d'une région à l'autre que l'on peut difficilement généraliser. Toutefois les 23 années de guerre de 1792 à 1815 dans leur ensemble ne semblent pas avoir provoqué une baisse du niveau de vie.

NOTES

(1) Cf. W.G. Rödel, "Die demographische Entwicklung in Deutschland 1770-1820", *Deutschland und Frankreich im Zeitalter der Französischen Revolution* (1989), 21-22. Il parle d'une évolution négative de la populaiton (26). La Bavière aurait perdu 200.000 habitants entre 1771 en 1794. L'émigration vers l'outre-mer s'est arrêtée pendant les guerres de la Révolution. Il semble difficile, à partir des données sur quelques régions de l'Allemagne, de déterminer si la croissance de la population fut un facteur certain de la modernisation.

(2) Les rapport "finaux" rédigés chaque année par les diplomates autrichiens sont une source importante sur les pays concernés. Sur leur véracité, voir K.O.v. Aretin, *Bayerns Weg zum souveränen Staat* (1976), 12-13, note 12. La baisse de la population bavaroise, est démontrée par les recherches de W.R. Lee, "Zur bevölkerungs-geschichte Bayerns 1750-1850 : Britische Forschungsergebnisse", *Vierteljahreshefte für Sozial- und Wirtschaftsgeschichte*, 62 (1975), 324-325.

(3) W.R. Lee, *o.c.*, 315.

(4)   On trouve aux archives bavaroises (B 311) des rapports des commis-
       saires qui accompagnaient les troupes autrichiennes; il apparaît qu'une
       très grande misère régnait dans les régions traversées par ces
       dernières.

(5)   Je préfère cette thèse, développée dans mon introduction du recueil
       Aufgeklärter Absolutismus (1974).

(6)   J' m'oppose ici a H. Möller, *Fürstenstaat oder Bürgernation
       Deutschland 1763-1815* (1989), 554-555.

(7)   Voir le tableau dans : H.U. Wehler, *Deutsche Gesellschaftsgeschichte,*
       vol I, *Vom Feudalismus des Alten Reiches bis zur defensiven
       Modernisierung der Reformära 1700-1815* (1987), 491.

(8)   La meilleure présentation de cet aspect de la sécularisation est la thèse
       de D. Stätzer, *Die Säkularisation 1802, der Sturm auf Bayerns
       Kirchen und Klöster*, 264-265 et *passim.*

(9)   H.U. Wehler, *o.c.*, 88, constate aussi le grand nombre de ventes; il
       s'agit d'un phénomène général.

(10)   Je me réfère à l'étude de Hans Christian Mempel, Die Vermö-
       genssäkularisation 1803/10. Verlauf und Folgen der Kirchenguten-
       teignung in verschiedenen deutschen Territorien (*Studien. Reihe
       Sozialwissenschaften*, 15), vol II (München, 1979), 69-70.

(11)   Ce fait a été négligé par H.C. Mempel : cf. H. Gollwitzer, *Standesher-
       ren* (1964).

(12)   H.C. Mempel, *o.c.*, 90-94. Ce furent les Seligmann, les Jacob et les
       Hirsch, qui achetèrent le plus de biens d'Eglise.

(13)   Voir le tableau de H.U. Wehler, *o.c.*, 88. Mais il est trompeur pour la
       Silésie, car il s'arrête en 1805 et la suppression des monastères, pra-
       tiquée en Prusse en 1810, y fit baisser les prix à partir ce cette date.

(14)   H.U. Wehler, *o.c.*, 537.

INFLUENCE DES GUERRES DE NAPOLEON SUR LE DEVELOPPEMENT SOCIO-ECONOMIQUE DU GRAND-DUCHE DE VARSOVIE (1807-1815)

Irena KOSTROWICKA
Ecole Centrale de Planification et de Statistique de Varsovie

1. A l'époque de la Révolution et de l'empire français, la Pologne était partagée entre trois puissances : la Prusse, la Russie et l'Autriche. Malgré certains traits communs, les conséquences des événements français ne furent pas les mêmes dans ces trois parties. Nous ne traiterons ici que de la situation du Grand-Duché de Varsovie où les changements économiques résultaient tant de la politique de Napoléon que de l'action des autorités polonaises. L'évolution économique était liée aux processus politiques et sociaux et cette phase courte de transformation fut significative, car elle a signifié la décomposition du système féodal et le début du développement de certains éléments capitalistes.

2. Les négociations franco-russes de Tilsit aboutirent à la création en 1807, du Grand-Duché de Varsovie sur les territoires annexés au cours des deuxième et troisième partages de la Pologne. Après la guerre victorieuse contre l'Autriche, le Grand-Duché fut agrandi d'une partie du territoire annexé auparavant par l'Autriche. Le Grand-Duché comprenait le centre des territoires polonais avec l'accès à la mer Baltique à Gdansk devenue ville libre. Théoriquement indépendant, le Grand-Duché de Varsovie était, en réalité, soumis aux intérêts de la France qui décidait des grandes lignes de sa politique.

L'économie des territoires du Grand-Duché était dominée par l'agriculture féodale basée avant tout sur les corvées des serfs. Les propriétés terriennes appartenant aux nobles se composaient d'exploitations gérées directement par les propriétaires et d'exploitations paysannes. Les paysans cultivaient leurs terres moyennant de nombreuses corvées seigneuriales et autres redevances. Les exploitations en fermage étaient rares. Les paysans étaient soumis au pouvoir domanial des seigneurs. L'assolement triennal avec jachère dominait. Les revenus des propriétaires terriens provenaient principalement de la vente des céréales à l'étranger. De nombreux domaines étaient sérieusement endettés auprès des institutions prussiennes de crédit. Le rôle des villes était faible comparé à ce qu'il était pendant la période précédant les partages de la Pologne.

L'an 1815 marqua la fin du Grand-Duché et pendant les deux dernières années, il se trouva sous l'occupation russe. Le système napoléonien régna six ans. Durant cette période, le Grand-Duché participa à trois guerres dont les préparatifs pesèrent lourdement sur son économie. Napoléon, qui laissait espérer aux Polonais la restauration de toute la Pologne, exigeait des prestations en nature, en argent et en hommes. Outre sa propre armée, le Grand-Duché formait des détachements composés de conscrits polonais mis directement au service de l'empereur. Le nombre total des conscrits et des volontaires est évalué à 180.000/200.000 hommes. Les pertes atteignirent quelque 100.000 personnes.

En dehors des contributions de guerre, le gouvernement polonais était tenu d'entretenir l'armée française stationnant sur le territoire, de rembourser l'armement fourni à l'armée polonaise, le sel confisqué par les Français dans les entrepôts prussiens, ainsi que les créances prussiennes sur hypothèques de domaines fonciers polonais, considérés par Napoléon comme butin de guerre. Le Trésor de l'Etat pliait sous le poids des charges. Les dépenses consacrées à l'armée au cours de l'exercice 1807-1808 représentaient à elles seules 70 % du budget. En 1812-1813, on prévoyait une somme correspondant à 59 % de celui-ci. Le déficit budgétaire était permanent. Les dettes du Trésor dépassaient trois fois les recettes annuelles. Le gouvernement se sortait d'affaire en augmentant les charges fiscales et en introduisant de nouveaux impôts, surtout indirects. Les impôts par tête étaient dix fois plus élevés que ceux de la Pologne avant les partages. A toutes ces charges et difficultés, il faudrait ajouter les importantes destructions dues à la guerre, au passage des troupes, aux réquisitions et aux pillages.

3. Les changements de système et la politique économique influèrent sur la vie économique et sociale du Grand-Duché de Varsovie. La constitution du Grand-Duché de 1807 était fondée principalement sur la Constitution française de 1800 et en partie sur la Constitution polonaise du 3 mai 1791. Elle affaiblissait considérablement la structure féodale de la société, sans toutefois supprimer complètement les privilèges de la noblesse. Elles reconnaissait à tous la liberté individuelle, l'égalité des droits et la liberté de croyance. Elle instituait le système monarchique avec un pouvoir exécutif puissant et une administration uniformisée et centralisée. Elle introduisait à la

Diète des représentants d'autres classes que celle de la noblesse, élargissait l'électorat au niveau des communes. La situation de fortune et les mérites, surtout militaires, étaient décisifs. Au niveau du district, les droits électoraux étaient réservés à la noblesse. Le code civil datant de 1808 introduisait la notion de propriété de type bourgeois et accordait à tous, sans distinction de classe, les facultés civiles. Le code commercial, en vigueur à partir de 1809, établissait la liberté des contrats et de leur procédure et promulguait le droit cambial. Pour les grands propriétaires terriens, le décret gouvernemental du 22 décembre 1807 était d'une importance particulière. Il stipulait que l'exploitation paysanne était la propriété exclusive du seigneur. Le paysan, personnellement libre, pouvait ou bien s'en aller, laissant la terre ensemencée, les bâtiments, le cheptel vivant et le cheptel mort, ou bien rester en acceptant toutes les conditions imposées par le seigneur. Le paysan était donc réduit à la position d'usufruitier susceptible d'être expulsé de la terre.

4. La politique économique du Grand-Duché se développait sous l'influence de la situation de guerre, de sa dépendance de la France et surtout sous l'influence du Blocus continental. La normalisation et la centralisation de l'Administration et de l'établissement d'un réseau d'informations constituèrent la base de la politique protectionniste du gouvernement. De nouvelles institutions qui ne supprimaient cependant pas les anciennes furent créées dans l'organisation du commerce, de l'artisanat et de l'industrie. A côté des confréries de marchands, on instaura dans les villes des Conseils de commerce et un Conseil Général auprès du Ministre. Le gouvernement maintint les corporations, tout en donnant la possibilité de diriger une entreprise en dehors de celles-ci, après paiement d'une patente. Le protectionnisme gourvernemental visait principalement au développement de l'industrie.

L'austère politique fiscale menée par le gouvernement eut une influence négative sur la vie économique, car elle limitait les possibilités d'investissement dans l'agriculture. Le Blocus continental freina les exportations de céréales, qui diminuèrent de 7 fois, provoqua une forte baisse de leur prix et une dépréciation des terres. Tout en agissant négativement sur la production céréalière, il excerça une influence positive sur la vie économique, contraignant à des changements dans l'agriculture traditionnelle et renforçant les tendances et la politique préindustrielle.

La situation obligea les grands propriétaires terriens à une vie économique plus active, pour surmonter les diffcultés liées à l'exportation et aux disproportions de prix. Recherchant de nouvelles sources de revenus, ils développèrent l'élevage ovin, améliorèrent l'assolement triennal en augmentant la surface des cultures de plantes fourragères, multiplièrent les brasseries et les distilleries. On observa un recul de la culture céréalière traditionnelle et une certaine intensification de cette production. Les récoltes de céréales augmentèrent de 15 %. Leurs produits étaient vendus avant tout sur le marché intérieur, les exportations par voie de terre croissaient lentement.

A côté de l'industrie agro-alimentaire, d'autres branches se développaient grâce à la protection de l'Etat. Il s'agit avant tout de l'industrie textile à l'ouest du pays et des industries minière et métallurgique dans le sud. Après leur déclin lors de l'occupation prussienne, les ateliers de tissage et les manufactures de drap prirent un nouvel essor. On en créa de nouveaux. Ils produisaient avant tout pour l'armée, mais également pour l'exportation en Russie. Les industries minière et métallurgique, oeuvraient pour les besoins des établissements produisant des armes.

Le marché intérieur s'anima : le commerce se développait entre les producteurs et les acheteurs. Les livraisons pour l'armée étaient très profitables. De nombreux fournisseurs amassaient de grosses fortunes qui devinrent par la suite la base de développement des banques privées. La bourgeoisie s'enrichissait également en prenant à bail les monopoles d'état (tabac, sel), les auberges et moulins appartenant aux propriétaires fonciers, en tirant des bénéfices de l'usure et de la spéculation.

La situation du pays favorisait les unités économiques les plus fortes et les individus les plus entreprenants, et les processus en cours entrainaient la décomposition des rapports féodaux. Ceci constituait la phase initiale de développement des éléments de l'économie capitaliste moderne et d'une société dans laquelle, malgré le maintien de la domination de la noblesse, la bourgeoisie et l'intelligentsia en cours de formation commençaient à jouer un rôle de plus en plus important. La fortune personnelle devint un signe de prestige local. Les droits politiques de la bourgeoisie résultaient moins du fait de posséder la qualité de citoyen de la ville (citadin) mais de sa situation financière. Les militaires occupaient un haut rang social. L'armée obtint une position privilégiée, car elle représentait la garantie de la restauration de l'ancien Etat polonais. L'armée constituait une école de la pensée moderne qui nivelait les préventions de classe. Les bourgeois y jouaient un rôle de plus en plus important. Ils formaient la garde nationale et avec la noblesse, ils constituaient les nouveaux cadres de fonctionnaires. Pour former ces cadres, on créa à Varsovie une école de droit qui, avec l'école de médecine créée à la même époque, constituait la base de la future université. Le Grand-Duché fit également de gros efforts en vue de l'organisation de l'enseignement élémentaire et secondaire.

Bien que le système féodal basé sur la corvée ait été maintenu, les mutations concernaient également la campagne. Parmi les propriétaires terriens apparurent des gens nouveaux qui reprirent les domaines en faillite. On observa également de nouvelles tendances dans la production. Les paysans qui, privés de leur droit à la terre, voulaient rester à la campagne, étaient contraints d'accepter les conditions du seigneur; néanmoins - devenus libres - ils pouvaient chercher ailleurs de meilleures conditions de vie. La mobilité de la population rurale augmenta l'offre de la main-d'oeuvre en dehors de l'agriculture. Ce fut un facteur important d'accumulation des capitaux, car les denrées alimentaires étaient bon marché et par conséquent les salaires étaient bas. On observa une forte émancipation des paysans qui se trouvèrent dans l'armée. Ils devinrent par la suite porteurs d'idées nouvelles dans la campagne polonaise.

5.   Le Grand-Duché de Varsovie ne survécut pas à la chute de Napoléon Ier, mais joua cependant un rôle essentiel pour le sort de la Pologne. L'histoire du Grand-Duché montre combien fructueuses auraient pu être les réformes décrétées pendant les dernières années d'indépendance (constitution du 3 mai 1791, Manifeste de Polaniec de 1794), dont l'objectif était le renforcement de l'Etat et la limitation des rapports féodaux, si elles n'avaient pas été rayées par la chute de l'Etat Polonais (1795). Le processus de formation d'une société et d'une économie modernes se manifesta de nouveau dans le Grand-Duché de Varsovie et fut accéléré. Grâce à la création du Grand-Duché, la cause polonaise cessa d'être un problème intérieur des trois puissances qui occupaient la Pologne. Elle devint un problème européen et en tant que tel fut posée au Congrès de Vienne en 1815. Le congrès décida en quelque sorte un quatrième partage, en érigeant le Royaume de Pologne, qui comprenait la plupart des régions du Grand-Duché de Varsovie, uni par le lien d'une union personnelle à la Russie, mais ayant son propre gouvernement et sa propre armée. Le nom de Royaume de Pologne réapparut sur la carte de l'Europe, mais son existence fut courte. Son autonomie fut supprimée après l'échec de l'Insurrection de novembre 1830.

Pendant cette brève période, l'oeuvre de décomposition du système féodal et de création d'une économie moderne fut poursuivie. Grâce à la politique protectionniste du Gouvernement (K. Drucki-Lubecki et S. Staszic), on nota des progrès notables dans l'industrialisation, dans la modernisation et l'intensification de l'agriculture, ainsi que dans la modernisation des structures sociales. Ces transformations ne purent plus être arrêtées lors de la suppression de l'autonomie du Royaume de Pologne. Ainsi donc, le Grand-Duché de Varsovie, lié fortement à la France de Napoléon, constitua un maillon passager mais combien important pour les transformations conduisant vers la modernité du XIXe siècle, vers le passage de système féodal au système capitaliste.

REFERENCES

A. Ajnenkiel, B. Lesńodorski, W. Rostocki, *Historia ustroju Polski 1794-1939* (Histoire du système politique de la Pologne 1794-1939) (Varsovie, 1974, 3e éd.).

J. Gierowski, *Historia Polski 1764-1864* (Histoire de la Pologne 1764-1864) (Varsovie, 1982).

B. Grochulska, *Handel zagraniczny Ksiestwa Warszawskiegro* (Le commerce extérieur du Grand-Duché de Varsovie) (Varsovie, 1967).

M. Kallasa, *Konstytucja Ksiestwa Warszawskiego* (La constitution du Grand-Duché de Varsovie) (Torun, 1970).

S. Kieniewicz, *Historia Polski 1795-1918* (Histoire de la Pologne 1795-1918) (Varsovie, 1975, 4e éd.).

I. Kostrowicka, Z. Landau, J. Tomaszewski, *Historia gospodarcza Polski XIX : XXw.* (Histoire économique de la Pologne XIX et XX s.) (Varsovie, 1984, 4e éd.).

M. Kukiel, *Dzieje Polski porozbiorowcj 1795-1918* (Histoire de la Pologne partagée 1795-1918) (Londres, 1962).

B. Lesńodorski, "Elementy feudalne i burzuazyjne w ustroju i prawie Księstwa Warszawskiego" (Eléments féodaux et capitalistes dans le système politique et judiciaire du Grand-Duché de Varsovie), *Czasopismo Prawno - Historyczne*, 4 (1951).

W. Rusiński, *Rozwój gospodaczy ziem polskich* (Le développement économique des territoires polonais) (Varsovie, 1975, 3e éd.).

W. Sobocinski, *Historia ustroju i prawa Ksiestwa Warszawskiego* (Histoire du système politique et législatif du Grand-Duché de Varsovie) (Torun, 1964).

P.S. Wandycz, *The Lands of Partitioned Poland 1795-1918* (Seattle/Londres, 1974).

A. Zahorski, *Spór o Napoleona we Francji i w Polsce* (Controverses sur Napoléon en France et en Pologne) (Varsovie, 1974).

DUTCH MANUFACTURING AND TRADE DURING THE FRENCH PERIOD (1795-1814) IN A LONG TERM PERSPECTIVE

Erik BUYST & Joël MOKYR
Katholieke Universiteit Leuven & Northwestern University Evanston

INTRODUCTION

The position of small open economies such as Holland or the Hanseatic towns that relied heavily on "Smithian growth" (that is primarily of commerce and shipping and ancillary industries) was vulnerable and often dangerous because their smallness meant that they were often innocent victims in global conflicts. International trade and freedom of shipping were often the first casualty of political conflict. The economic damage inflicted on small mercantile economies by world events beyond their control was often large: the North-German towns whose economies were shattered by the thirthy-years war, or the Italian City States victimized by the conflicts between Bourbons and Habsburgs in the sixteenth century come to mind. Moreover, any prosperity based on Smithian growth is subject to the dangers of internal changes in the institutions of exchange which could jeopardize the basis of the economy. It is our contention in this paper that the Dutch economy in the years of the French and Napoleonic Wars was another example of a small open commercial economy whose prosperity was disrupted by world events.

By emphasizing that the damage inflicted by the Wars was larger than has been traditionally realized, we may help resolve some of the dispute about the timing of the decline of the Dutch economy after its Golden Age. The literature on the timing of the decline of the Dutch economy is rich in supposition and interpolation but rather poor in evidence (Riley, 1984; De Vries, 1984; Van Zanden, 1987b). Yet the issue is rather obvious: in 1650 the Dutch economy was rich beyond belief by the standards of that time; in 1850 the Dutch economy had fallen behind in every respect. But when did the decline occur and why ?

None of these camps has paid much attention to the fierce crisis which hit the Dutch economy between 1780 and 1814. A sharp dip in national income in this period could, at least in principle, reconcile the three observations that a) some sectors of the Dutch economy experienced a recovery after 1750; b) some growth occurred after 1815; c) by 1850 the Netherlands was regarded by most Europeans - not least of all the Dutch themselves - a backward economy. The disasters of 1780-1814 offset the recovery of the post-1750 years, and relegate the growth discovered by De Meere (1982) and Griffiths (1981) to a recovery from crisis rather than a long-term phenomenon. At the same time, an assessment of the Batavic period has to take into account that the political and social changes that occurred in these years may have been a necessary prerequisite to transform an economy based on commerce, shipping and ancillary industries into a modern industrial economy. The suffering and poverty of the Batavic and French period in this interpretation were the price the Dutch had to pay to move from one type of growth to another.

THE FRENCH PERIOD

On February 1st, 1793, Revolutionary France declared war on the United Provinces. As French troops crossed the river Waal around New Year 1795, the ancien régime in the Netherlands collapsed. Revolutionary committees took over power in the major cities and proclaimed the Batavian Republic. In the peace treaty with France (May 1795), the Batavian Republic agreed to pay an indemnity of 100 million guilders, to grant a huge loan at a symbolic interest rate and to maintain a French army of 25.000 men (Schama, 1977, pp. 186-198 and pp. 206-207). From an international perspective, the treaty clearly illustrated the Batavian Republic's position as a de facto French protectorate. Consequently, the country became involved in the wars of the French Republic and the Empire against England and other European powers. The financial conditions of the peace treaty with France and the effort of the continuous war with Britain demanded once again a substantial increase in fiscal revenues. Additional taxes on primary consumption goods raised prices and wages, thereby further hampering the international competitiveness of Dutch products. Unfortunately, all these sacrifices could not prevent the Dutch treasury from large budget deficits.

Even more important was the disruptive effect of economic warfare on Dutch trade. The British naval blockade gradually cut off the supply of colonial products and raw materials from overseas as well as export markets in the Baltic, the Mediterranean and the Indies, both East and West. At first, smuggling and trade with neutral countries limited the impact of these measures. Merchandise destined for Holland arrived in neutral Hamburg, Bremen or Emden, and was transported by canals, rivers and roads to Dutch ports. Of course, the detours raised the costs of the transactions considerably. Even the trade with England continued with the help of neutral, usually American, vessels. As a result, the value of Dutch trade in the first decade of the nineteenth century only declined by one third compared to the prewar level. Especially the commerce in colonial products persisted because of its high value:weight ratio (Buist, 1981, p. 298 and p. 303), Faber (1984, p. 76) shows that at least half of the years in this period were years of acute and serious disruptions, related to political tensions and war. Nonetheless he concludes that between 1784 and 1806, Dutch commerce and shipping was able to hold its own.

Yet in many respects the Dutch Republic was bleeding and losses were substantial. Britain conquered the Dutch possessions overseas and definitively took over the lead in colonial trade. In this respect, the liquidation, of the Dutch East India Company in 1800 marked the end of an era (Baudet and Fasseur, 1977, pp. 315-319). At the same time the North-German ports managed to reinforce their commercial position in Europe at the expense of Amsterdam (Buist, 1981, p. 303).

The manufacturing industries in the Netherlands were severely affected by the Wars. In this regard, the Netherlands seem to have had the worst of all possible worlds. Other areas on the Continent suffered from high taxes, shortages of raw materials, and other disruptions, but at least enjoyed some measure of protection from British competition, increased demand from the French government for military purposes, and in some case active encouragement by the French government. The Dutch manufacturing sector, precisely because it was so heavily associated with the maritime sector and because it was so heavily associated with the maritime sector and because it was never incorporated into the French free trade zone, seem to have drawn no advantages and born all the costs. The Dutch political economist, Johannes Goldberg, who travelled extensively through the country in 1800, reported that industry after industry was in a precarious state. Salt, distilleries, shipbuilding, sugar, and tobacco were all described as declining due to the dislocations of war and unsettled political situation. A major sector which came to a virtual stop was fishing. In peacetime, fishing, especially herring and cod fishing, had been a major source of employment and provided affordable and high-protein foods to all classes. Fisheries came to an almost complete stop because of the wars, the notable exception being the year 1802, the year of shortlived peace of Amiens. Contemporary documents are full of complaints of the decline of fishing, both by fishermen and consumers.

Not as well known as the trade disruptions is the flight of Dutch capital to Britain, recently documented in a pathbreaking paper by Larry Neal (1989). Henry Hope fled from Amsterdam to London in Octber 1794, soon followed by his partners Pierre Labouchère and Alexander Baring. Although we cannot be sure how much capital was transferred from the Netherlands to Britain, the scope of the activities of Continental Bankers in London during the Wars suggests that it might have been quite large. Neal shows that of the foreign holders of British debt sequestered by the Bank of England - an unknown proportion of total holdings - the Dutch held 60.3 % in 1801 and 57.8 % in 1806. If Neal's hypothesis is correct, the Dutch economy was hemorrhaging capital in the years when its economy was thrown off equilibrium, and the flight of capital aggravated an already serious situation.

The Continental System, introduced in July 1807, and the British response to it, the so-called Orders in Council, further worsened the condition of Dutch trade in a dramatic way. Shipping and commerce with neutral countries collapsed, leaving Dutch ports almost deserted (Faber, 1984, pp. 74-75). Smuggling, however, continued on a large scale. Illegal commodities from ships on the high sea were transferred on coasters and landed. The weak application of the Continental System in the Netherlands gave Napoleon in 1810 a reason to annex it to the French Empire. After the Netherlands came under direct French control, smugglers were prosecuted far more vigorously than before, thereby crippling Dutch trade (van den Eerenbeemt, 1977, pp. 182-183). For the Amsterdam *stapelmarkt*, the Continental Blockade was the "coup de grâce". After a century of secular decline its entrepôt function in international commerce had ended.

At the same time, attemps of Dutch merchants to re-orient trade toward the European continent were thwarted by high French tariffs. In 1795, as France annexed the Austrian Netherlands and the Rhineland, important export markets for Dutch industrial products were lost. The formal incorporation of the

Netherlands in the French Empire (July 1810) failed to bring relief since the old barrier remained operational till October 1812. By that time the Empire was in a process of dissolution and no beneficial effects could be expected from the access to the large French market (Brugmans, 1961, p. 46). Not surprisingly, Dutch manufacturing suffocated as exports were hampered both overseas and overland. Shipbuilding and related industries such as saw-milling, rope-making, and sailcloth weaving suffered most heavily from the disruptions of trade. During the Continental System these industries almost vanished (Schama, 1977, pp. 577-578). In the same period the simultaneous loss of the sources of raw materials and foreign markets accelerated the decline in other sectors as illustrated in Table 1. The data are of mixed quality, but they give a clear indication of the severe contraction that Dutch industry experienced. Analyzing the data, it should be kept in mind that 1806 was already an unnaturally depressed year (Mokyr, 1976, p. 86). As imports of coffee, tea and wine were cut off, the consumption of beer increased so that the breweries - almost alone - could still expand their production.

Table 1: OUTPUT AND EMPLOYMENT STATISTICS (1806 AND 1811)

Industry		Output		Employment	
	Units	1806	1811	1806	1811
Sugar	thousands tons	41.7	0.3	1,408	133
Tobacco	Tons	5,573	1,031	2,125	376
Paper	thousands reams	113.4	54.4	661	453
Potteries	thousands pieces	6,127	4,884	378	268
Oils	millions pints	9.3	6.3	n.a.	n.a.
Tapestry	thousands ells	130	40	140	80
Distilleries	millions litres	46	22	n.a.	n.a.
Breweries	thousands tons	325	370	900	900
Sailcloth	thousands	19.8	5.8	106	48
Herring fisheries	thousands tons	36.4	12.8	1274	448

Source: d'Alphonse, 1900, pp. 223-351.

Other evidence, mostly fragmented from contemporary reports, confirms this sad tale of economic disruption. The vulnerability of a small open economy to war became all too clear. It took a number of different forms, all with the same consequence: the loss of markets, the loss of sources of raw materials, and the loss of access to the sea itself (e.g. for fishing). Each of these blows involved further damage to the industries which supplied it or bought from it. Of the seven shipyards in the Zaan areas still operating in 1780, only one was active in 1808. The velvet industry in the town of Naarden was completely closed down. The potash and tobacco industries had to curtail sharply their activity due to the scarcity of raw materials. The Leyden cloth industry, the Amsterdam sugarmills, and even the pipemakers of Gouda suffered disastrous declines in output and employment.

The only industries that fared relatively well during the French period were the rural textile industries. Oriented towards the domestic market and relieved from British competition, the production of fustians increased in the Twente area (Boot, 1935, pp. 21-23). In North Brabant the textile industry went through hard times between 1795 and 1809 as exports of raw flax from Flanders were prohibited by the French. This problem was resolved in 1810 when the French tariff line moved to the Waal. In two years the production of linen and hybrid linen industries in Helmond more than doubled (Harkx, 1967, p. 122). The woolen industry in Tilburg took advantage of a large order from the French army. A mechanical wool-spinning mill was introduced, making the area the birthplace of modern manufacturing in the Netherlands (Mokyr, 1976, p. 115).

In other Dutch regions there was no trace of the emergence of new, mechanized industries during the French period. The many technological breakthroughs that took place in the Belgian departments of the French Empire and other areas on the Continent passed the Netherlands by. The net result of the crisis was a severe impoverishment of the population, especially in the urban regions in the Western provinces of Holland. The economic crisis seems to have struck the middle classes with special severity. The shrinking of the classes of skilled workers, shopkeepers and artisans led to an increase in the inequality of income distribution. Among the working classes, unemployment and declining real wages led to ever increasing pauperism. French reports from 1811 and 1812 speak of a "*misère hideuse et générale*". Soup-kitchens and free distribution of fuel were necessary to prevent mass starvation. Poorhouses and workhouses were established throughout the Western provinces, and the number of paupers in Amsterdam in 1811, according to one source, reached half the population (Brugmans, 1961, p. 63). Continuous time series on the extent of poverty are not easy to find. One interesting attempt has been made by Jansen (1978, p. 107) who has used the amounts of rye and wheat in baking bread at the *Nieuwezijdshuiszittenhuis* in Amsterdam as a proxy for the number of people in need of relief. The graph provided by Jansen shows a stationary process around 100 (1764=100) between 1752 and about 1782, at which time the series leaps up to about 190 in 1790. By about 1802, the series peaks at about 240, and then falls back to the range between 180 and 200. The severity of the crisis is once again confirmed. What is interesting in this series is that the brief period of peace in the late 1780s seems to have had no effect in alleviating the plight of the poorest of the poor.

Of particular interest to what happened to living standards are data on wages and prices. The institutional prices used by N.W. Posthumus are of course the main source of data here, although they have been criticized on a variety of bases. Yet some facts stand out. One is that *nominal* wages seem to change very little in this period. Jan De Vries (1989) labels wage rigidity in this period as "truly phenomenal". His analysis however also shows that institutional and accounting changes altered the actual real takehome pay, so that "real daily wage" becomes a tricky concept. Thus the labourers working for the *Hoogheemraadschap van Rijnland* enjoyed a 22 % increase in earnings without a wage increase between 1784 and 1800. Yet such accounting manipulations were not enough to compensate for rising prices. Table 2 provides a general idea how bad inflation was in the period under discussion.

Table 2: DUTCH PRICES (1780-1814) (1750-1779 = 100)

Year	Index	Year	Index
1780-84	120.0	1800-04	201.1
1785-89	126.5	1805-09	215.7
1790-94	144.3	1810-14	282.2
1795-99	179.2		

Source: Adapted from Riley, 1984, p. 558.

Clearly, the period under discussion must have been one of sharply declining real wages. In and of itself it is hazardous to make inferences from real wages to more aggregate statistics. The difficulty is of course that farmers and self-employed artisans and merchants did not receive a wage, and some of them may have actually experienced some improvement in their living standards. Nonetheless it stands to reason that more people suffered from the decline in real wages.

The dimensions of the crisis can also be illustrated by the Amsterdam bankruptcy statistics collected by Oldeweit (1962). Bankruptcy statistics are somewhat misleading as well, largely because they tend to be duration specific. That is, in a period of prolonged crisis the number of bankruptcies would tend to decline simply because the weak firms have already been weeded out. Moreover, banruptcy is a specific legal procedure which affects some sectors more than others, and is highly dependent on the relation between merchants, manufacturers, and their creditors. Nonetheless Oldeweit feels (p. 429) that they "provide us with a picture of the business cycle". The data only go as far as 1810, at which point legal reform makes the subsequent statistics incommensurate with the preceding ones.

Table 3: AMSTERDAM BANKRUPTCIES (1781-1810) (1761-1780 = 100)

Year	Index	Year	Index
1781-85	204.3	1796-1800	187.0
1786-90	246.6	1801-05	139.7
1791-95	205.4	1806-10	143.9

Source: Oldeweit, 1962, pp. 432-33.

Once again, the period between 1780 and 1810 is shown to be one of serious disruptions. The apparent dip in the 1801-1805 period is the exception that proves the rule: bankruptcies dropped sharply during the short-lived peace of Amiens. Removing the years 1802 and 1803 from the index raises the average for this period to 157.2.

A very different indicator of the crisis can be deduced from death statistics. In some ways this too is at best a proxy for the severity of the decline in

71

living standards. The impoverishment of the middle classes would not be fully captured by it, and it is hard to control for non-economic factors affecting deaths. Nonetheless, these figures are suggestive, as they allow us to compare the three maritime provinces (N. Holland, Z. Holland and Zeeland) with three agricultural provinces in the North and East (Friesland, Drenthe and Gelderland) as well as with Belgium. The data show substantially higher death rates for the pre-1815 period for four of the Dutch provinces, whereas the Eastern agricultural provinces and Belgium show no differences. The only province which may appear anomalous is Friesland, but the Friesian economy was closely integrated with the maritime provinces and highly dependent on fishing.

Table 4: DEATH RATES (1804-1820) (ANNUAL AVERAGES, PER 1000)

Period	1804-09	1810-14	1815-20
Friesland	27.7	25.0	20.9
Drenthe	20.5	21.5	20.5
Gelderland	22.0	20.8	22.5
N. Holland	35.7	37.9	32.5
Z. Holland	34.9	35.0	32.3
Zeeland	39.4	44.3	36.8
Belgium	26.7	26.9	25.7

Source: Computed from Hofstee, 1978, p. 198.

These conclusions are confirmed by what fragmented information has survived on population size of individual cities. Many tows in North Nolland suffered population decline: Amsterdam's population fell for instance from 215,000 to 201,000. Migration from the countryside to the towns virtually came to an end, reflecting the economic decline of cities as well as the improving economic conditions in the countryside.

Nonetheless it would be rash to conclude that the country entirely escaped every modernization. As Kreeft (1988) has recently re-emphasized, on the institutional front many improvements were realized. One of the first challenges the newly established Batavian Republic faced was to transform the old federation of relatively independent provinces into a modern, centralized

72

state. The accompanying tax reforms had important economic consequences. In the old system every province levied a large number of taxes collected by different authorities. It was replaced by a national tax sytem which corrected some old injustices. The reforms reduced the share of the province of Holland in total tax revenues by approximately 20 %. For the ailing traffic industries in the coastal area, this reform was a welcome relief. The continuous increase of the tax burden, however, rapidly eroded these positive effects. The share of excises on primary consumption goods was also reason, but for the same reason the beneficial outcome vanished almost immediately (Griffiths, 1981, pp. 230-231).

The abolition of domestic tolls on the transportation of goods reduced transaction costs and enhanced competition among regions. It was replaced by a national system of import and export duties which opened the opportunity to pursue a protectionist policy (Buist, 1981, p. 291). A rationalization of the astonishing number of local measures and weights also aimed at facilitating interregional trade. In 1812, the metric system was introduced. Although local measures remained in use for quite some time, it served as a general conversion standard. At the same moment the conviction grew that the transport infrastructure had to be improved to incorporate the East and South of the country into a real national market. Those regions were not well served by the famous Dutch waterway system. Plans to build paved roads were drawn but remained largely unexecuted, due to lack of money (Griffiths, 1981, pp. 231-232; Kreeft, 1988, p. 199).

Another important reform was the abolition of the centuries-old guilds in 1798. The Batavian regime considered them as an impediment to economic growth and modernization. Their rigid rules concerning employment and production methods interfered with free competition and labour mobility and hindered the adoption of technological changes. It took a long struggle before the corporations were finally suppressed. In 1818 their resistance was finally put to an end (van den Eerenbeemt, 1977, pp. 171-175).

CONCLUSION

The French period and especially the years of a strict application of the Continental System were disastrous for the Dutch economy. Cut off, both overseas and overland, from its suppliers of raw materials and export markets, Dutch industry and trade suffocated. Commerce recovered slowly after 1814, but Amsterdam had definitively lost its position as Europe's entrepôt market. The old traffic industries were similarly unable to regain their past glories. Viewed from a long term perspective, this evolution is not very surprising. The nineteenth century was increasingly a period in which economic progress depended on technological progress. Smithian growth remained of importance, however, but mostly as a handmaiden of technological progress or inspired by it. The next surge in gains from trade were made possible by the railroad and the steamship, both of which required a firm commitment to the new technology. The twin pillars of Dutch economic growth outside agriculture, the Amsterdam *stapelmarkt* and the traffic industries, experienced a secular decline during most of the eighteenth century. In that sense, the Continental blockade only accelerated the downfall. The continuity between the pre- and post-Napoleonic era is also apparent for the growth sectors in the Dutch economy. Colonial trade expanded rapidly in the eighteenth century. After 1814 it was the main force behind the recovery of Dutch international commerce.

REFERENCES

F. d'Alphonse, *Aperçu de la Hollande (1811)* (Dutch Central Bureau of Statistics) (The Hague, 1900).

H. Baudet and C. Fasseur, "Koloniale bedrijvigheid", J. Van Stuijvenberg (ed.), *De Economische Geschiedenis van Nederland* (Groningen, 1977), 309-350.

J. Boot, *De Twentse Katoennijverheid 1830-1873* (Amsterdam, 1935).

I. Brugmans, *Paardenkracht en mensenmacht. Sociaal-economische geschiedenis van Nederland 1795-1940* (The Hague, 1961).

J. Bruijn, "Scheepvaart in de Noorderlijke Nederlanden 1650-1800", *Algemene Geschiedenis der Nederlanden*, vol. VIII (Haarlem, 1979), 209-238.

M. Buist, "Geld, bankwezen en handel in de Noordelijke Nederlanden, 1795-1844", *Algemene Geschiedenis der Nederlanden*, vol. X (Haarlem, 1981), 289-322.

F. Crouzet, *L'Economie Britannique et le Blocus Continental* (Paris, 1987, 2nd ed., first ed. 1958).

J. De Meere, *Economische ontwikkeling en levensstandaard in Nederland gedurende de eerste helft van de negentiende eeuw. Aspecten en trends* (The Hague, 1982).

J. De Vries, "The Decline and Rise of the Dutch Economy, 1675-1900", G. Saxonhouse and G. Wright (eds.), *Technique, Spirit, and Form in the Making of Modern Economies: Essays in Honor of William N. Parker*, (1984), 149-189.

J. De Vries, "How Did Pre-industrial Labor Markets Function ?", unpublished paper, University of California, Berkeley (1989).

J. De Vries and A. Van Der Woude, unpublished manuscript on the Dutch economy in the eighteenth century, title to be determined (1989).

Joh. De Vries, *De economische achteruitgang van de Republiek in de achttiende eeuw* (Leiden, 1968, 2nd ed.).

P. Emmer, "Suiker, goud en slaven : de Republiek in West-Afrika en West-Indië 1674-1800", *Algemene Geschiedenis der Nederlanden*, vol. IX (Haarlem, 1980), 465-483.

J. Faber, "De achttiende eeuw", J. Van Stuijvenberg (ed.), *De Economische Geschiedenis van Nederland* (Groningen, 1977), 119-156.

J. Faber, "Scheepvaart op Nederland in een woelige periode : 1784-1810", *Economisch en sociaal-historisch jaarboek*, XLVII (1984), 67-78.

J. Fritschy, "De patriotten en de financiën van de Bataafse Republiek. Hollands krediet en de smalle marges voor een nieuw beleid (1795-1801)", *Hollandsche Historische Reeks*, X (1988).

F. Gaastra, "De VOC in Azië 1680-1750", *Algemene Geschiedenis der Nederlanden*, vol. IX (Haarlem, 1980), 427-464.

R. Griffiths, "Ambacht en nijverheid in de Noorderlijke Nederlanden 1770-1844", *Algemene Geschiedenis der Nederlanden*, vol. X (Haarlem, 1981), 219-252.

R. Griffiths, *Industrial Retardation in the Netherlands, 1830-1850* (The Hague, 1979).

W. Harkx, *De Helmondse textielnijverheid in de loop der eeuwen. De grondslag voor de huidige textielindustrie 1794-1870* (Tilburg, 1967).

E.W. Hofstee, *De demografische ontwikkeling van Nederland in de eerste helft van de negentiende eeuw* (The Hague, 1978).

J. Israel, *Dutch Primacy in World Trade 1585-1740* (Oxford, 1989).

M.C. Jacob, *The Cultural Meaning of the Scientific Revolution* (New York, 1988).

P. Jansen, "Nijverheid in de Noordelijke Nederlanden 1650-1870", *Algemene Geschiedenis der Nederlanden*, vol. VIII (Haarlem, 1979), 102-123.

P. Jansen, "Poverty in Amsterdam at the Close of the Eighteenth Century", *Acta Historiae Neerlandica*, 10 (1978), 98-114.

W. Keuchenius, *Inkomsten en uitgaven der Bataafsche Republiek, voorgesteld in eene nationale balans* (Amsterdam, 1803).

A. Keune, "De industriële ontwikkeling gedurende de 19de eeuw", H. van den Eerenbeemt and H. Schurink (eds.), *De opkomst van Tilburg als industriestad. Anderhalve eeuw economische en sociale ontwikkeling*, vol. VI (1959), 11-60.

P.W. Klein, "Handel, geld- en bankwezen in de Noorderlijke Nederlanden 1650-1795", *Algemene Geschiedenis der Nederlanden*, vol. VIII (Haarlem, 1979), 160-184.

P.W. Klein, "De Nederlandse handelspolitiek in de tijd van het mercantilisme : een nieuwe kijk op een oude kwestie ?", *Tijdschrift voor Geschiedenis*, 102 (1989), 189-212.

P.W. Klein, "De zeventiende eeuw, 1585-1700", J. Van Stuijvenberg (ed.), *De Economische Geschiedenis van Nederland* (Groningen, 1977), 79-118.

C. Kreeft, "Economische groei in Nederland, 1815-1850", *Economisch en sociaal-historisch jaarboek*, LI (1988), 194-239.

J. Lindblad, "Structuur en mededinging in de handel van de Republiek op de Oostzee in de achttiende eeuw", *Economisch en sociaal-historisch jaarboek*, LI (1984), 194-239.

R. Metelerkamp, *De toestand van Nederland in vergelijking gebragt met die van enige andere landen van Europa* (Rotterdam, 1804).

J. Mokyr, "The Industrial Revolution in the Low Countries in the First Half of the Nineteenth Century: A Comparative Case Study", *Journal of Economic History*, 34 (1974), 365-391.

J. Mokyr, *Industrialization in the Low Countries, 1795-1850* (New Haven/London, 1976).

J. Mokyr and N.E. Savin, "Stagflation in Historical Perspective : the Napoleonic Wars Revisited", P. Uselding (ed.), *Research in Economic History*, I (1976), 198-259.

J. Mokyr, The Lever of Riches : Technological Creativity and Economic Progress (New York, 1990).

L. Neal, "A Tale of Two Revolutions : International Flows, 1789-1819", Presented to the ESCR Quantitative History Conference (Hull, 15-16 Sept., 1989).

M.F.H. Oldeweit, "Twee eeuwen Amsterdamse faillissementen en het verloop van de Conjunctuur", *Tijdschrift voor Geschiedenis* (1962), 421-435.

J. Riley, "The Dutch Economy After 1650 : Decline or Growth ?", *Journal of European Economic History*, XIII (1984), 521-569.

J. Riley, *International Government Finance and the Amsterdam Capital Market, 1740-1815* (Cambridge, 1980).

S. Schama, *Patriots and Liberators. Revolution in the Netherlands 1780-1813* (New York, 1977).

H. van Den Eerenbeemt, "De Patriotse-Bataafse-Franse Tijd (1780-1813)", J. Van Stuijvenberg (ed.), *De Economische Geschiedenis van Nederland* (Groningen, 1977), 156-200.

T. Van Tijn and W. Zappey "De negentiende Eeuw, 1813-1914", J. Van Stuijvenberg (ed.), *De Economische Geschiedenis van Nederland* (Groningen, 1977).

J. Van Zanden, "De economie van Holland in 1650-1805 : groei of achteruit-gang ? Een overzicht van problemen en resultaten", *Bijdragen en Mededelingen betreffende de Geschiedenis der Nederlanden*, 102 (1987), 562-609 (quoted as Van Zanden, 1987a).

J. Van Zanden, "Economische groei in de negentiende eeuw : Enkele nieuwe resultaten", *Economisch en sociaal historisch jaarboek*, L (1987), 51-76 (quoted as Van Zanden, 1987b).

W.M Zappey, *De economische en politieke werkzaamheid van Johannes Goldberg* (Alphen a/d Rijn, 1967).

THE LOSS OF COLONIAL EMPIRE AND ITS ECONOMIC IMPACT ON SPAIN

Leandro PRADOS DE LA ESCOSURA
Universidad de Cantabria

In recent assessments of Spanish economic retardation the early nineteenth century emerges as a key period. For the first decades of the new century historians have observed a discontinuity in the sustained expansion of the late eighteenth century. It has been suggested that late eighteenth century standards of living were below, but not far behind those in Western European nations, whereas by mid-nineteenth century the international position of Spain had sharply deteriorated.

Explanations for the failure to develop along the lines established by Western European countries are based upon a set of endogenous and exogenous elements common to most historical interpretations. Historians have, however, tended to emphasize the role played by exogenous forces. The loss of Latin American colonies as a result of the Napoleonic Wars and the postbellum reorientation towards Europe and the gradual integration of Spain into a broader Western European economy over the nineteenth century are perceived to have been inimical for Spanish economic development. The loss of the colonial empire was a major drawback to Spanish economic modernization, and the regions most closely involved in colonial commerce failed to achieve modern economic growth. For almost three decades this line of argument has been offered by historians who seldom provide empirical evidence to support their views.

The aim of this paper is to offer a quantitative base from which a more informed debate concerning the consequences of the loss of the colonies can be initiated. The two most affected sectors, the Treasury and foreign trade are discussed in the first section. In section two, the decline in colonial trade and government revenue is measured in terms of national income. Section three outlines various hypotheses about the effects on investment and industrial development which flowed from colonial emancipation.

79

THE IMPACT ON TRADE AND GOVERNMENT FINANCE

After the beginning of war with Britain in 1796 and for more than two decades there was no actual link between the colonies and the metropolis. Commerce between Spain and the new Latin American republics after the secession practically disappeared. The quantitative reconstruction of Spanish trade during the Napoleonic Wars shows a decline in real exports that can be attributed to the fall in colonial commerce. The consequence was a notable change in the geographical composition of exports that broke the traditional balanced distribution between the colonies and Europe in favour of the latter. The pronounced contraction in colonial real imports was only partly compensated by the increase in European demand. The transformation in the source of imports was less marked because colonial products did not meet above one-fourth of 18th century Spain's import demand. However, re-export trade was the most affected by Latin American emancipation. Colonial surplus disappeared and trade deficit in non-colonial trade worsened. Nevertheless, favourable terms of trade allowed Spain to avoid a further deterioration in the balance of trade.

Together with the contraction of trade, the loss of the colonies represented a profound change in the trade structure. The share of manufactures in total net imports increased as a consequence of the collapse of colonial trade. The composition of exports also changed dramatically with a fall in industrial exports from one-third to roughly 10 % of total value of exports. The decline in manufacturing exports suggests a lack of competitiveness of Spanish industry. However, the significant volume of European manufactures reexported through Spain to Latin America before the Napolonic Wars supports the view that the loss of Spanish American markets had its roots in earlier periods.

The decline of Spain's trade with Latin America after independence also represented a loss in shipping and insurance services, which implied a far from negligible amount of colonial trade's profits.

The Treasury, for its part, saw its revenue seriously affected. External revenues (customs duties and Indies' remittances), which represented about a quarter of all government revenues prior to the Napoleonic Wars, declined to less than 10 % after the war. The silver surpus which, after satisfying the needs of the colonial Treasuries, was sent to Spain (Indies' remittances) disappeared after independence.

THE IMPACT ON NATIONAL INCOME

In order to provide orders of magnitude of the effects of Latin American independence on trade and government finances, an attempt will be made to measure its impact on the average incomes of the Spanish population.

No reliable estimates are available for national income in late 18th century Spain but upper and lower bounds are established. G. Tortella estimated the money supply for 1778 and suggested lower and upper bounds for income volocity. If we assume that Spanish per capita income did not vary significantly between 1778 and 1784-1796, national income in 1784-1796 can be obtained by multiplying the national income for 1778 (money supply times income velocity) by the increase in population between 1778 and 1784-1796. Once national income estimates are obtained, exports and imports ratios to national income can be derived. Export rates ranged from 3 to 7.4 % for total trade (1.2 to 3 for colonial trade) with most reasonable values between 3.7 - 4.9 % for total trade (and 1.5 - 2 for colonial trade). Import rates range from 4 - 10 % for total trade (5 - 6.7 most plausible values) and 1.1 - 2.8 % for colonial trade (1.4 - 1.8 most reasonable values).

It could be argued that the fall in Spain's national income as a result of colonial independence could be estimated as the decline in colonial exports times their share in national income before independence. Nevertheless, the contribution of any sector to the overall economic growth should be measured as the difference it makes at the margin. In this case, the importance of Spanish colonial commerce should be measured as the difference between actual returns to productive factors embodied in exportables and the hypothetical returns derivable from allocating factors to alternative production activities. Accordingly, only when there is no alternative use for the factors allocated to the production of exportables, that is, when exports were a "vent for surplus", can a total loss be deduced from the fall in colonial trade. It is likely that the opportunity costs of such productive factors in Spain, at the end of the *Ancien Régime*, were small (particularly labour). In the short term the shift of productive resources from the colonial export sector to other sectors would be slow, nor would they earn comparable returns, and consequently a full recovery of national income would not occur. In the long term an adjustment in the allocation of productive resources would take place in the economy and the resources would have been partially or totally re-employed in catering for external or internal demand.

It is impossible to measure the real cost of Spain from the loss of her colonies. Nevertheless, to obtain rough estimates the conclusions are biased in favour of the generally accepted argument that the loss of the colonies represented an enormous loss to the Spanish economy.

First, I propose to assume that productive resources embodied in exportables did not have alternative uses in other sectors of the economy. Real colonial exports fell by 57.5 % between 1748-1796 and 1815-1820, and this decline can be expressed as a percentage of national income: from 0.7 to 1.7 % (with most plausible values between 0.9 and 1.2).

The second cost refers to Spanish shipping services used for the commercial traffic between Spain and the colonies. In contrast to non-colonial trade, which was carried out almost totally in non-Spanish ships, Spanish colonial legislation ensured that the Indies trade used only national shipping. The decline of Spanish American trade therefore signfied a decline in Spanish maritime services. The percentage decline in national income as a result of the loss of transport services ranges between 0.6 and 1.5 % (with 0.8 - 1 as most probable values), on the extreme assumption that there was no alternative use in the post-colonial economy for the resources previously used in the production of colonial shipping and commercial services.

The loss of the Treasury caused by the ending of silver shipments and by the reduction of Customs revenues as a consequence of the colonial independence will also be measured. Bullion shipments became insignificant during the Napoleonic Wars and disappeared entirely with the loss of the colonies. The percentage decline in national income caused by the loss of silver remittances, assuming that they were all retained in Spain and used productively, is between 0.8 and 1.9 % (1 - 1.3 as most plausible range).

Finally, the decline in export duties which followed from the fall of Spanish domestic exports and re-exports to the colonies, and the loss from the re-exports of colonial goods can also be estimated. This estimate assumes that the Spanish American demand (as well as the European demand for Spanish

American goods) was perfectly price-inelastic and it is, therefore, an upper bound estimate. It represents a reduction between 0.2 and 0.5 % in national income (most probably 0.3 - 0.4 %), assuming that all customs revenues from colonial origin has been used productively in Spain.

Thus, the potential economic losses to Spain contingent upon the independence of Spanish American mainland colonies, under the assumptions outlined above, lies between 2.3 and 5.6 % of national income (and most probably between 3 and 3.9 %). In per capita terms Latin American independence represented a loss of approximately 30 reales per year (at 1778 prices).

It should be observed that these estimates are biased upwards, because I have assumed that the factors of production previously employed in colonial trade became idle with the loss of empire. If these rough estimates are compared to commonly employed adjectives used by historians, then does a fall of these dimensions justify descriptions of the emancipation of the colonies such as "brutal", "disaster" or "deep economic and financial bankruptcy" ?

THE IMPACT ON INVESTMENT AND INDUSTRIALIZATION

It could be argued that the profits from colonial trade represented a high proportion of the funds used to finance investment in Spain and that their disappearance had a negative impact on capital accumulation. Private shipments of bullion from the colonies to the metropolis are now available. Although their actual composition is not clear, it seems that in the years prior to the Napoleonic Wars they represented the profits from merchandise and services trade. After the war they also included the repatriation of colonial capital that followed emancipation. If the maximum limit for profits re-investment suggested by P. O'Brien for Great Britain in the 1780's (30 %) is accepted, an upper bound estimate for investible funds derived from colonial sources can be constructed. Total investment is also unknown. By mid-19th century, the investment rate in Spain was 6 %. Since there is a tendency for the share of investment in GDP to increase as industrialization proceeds, a 6 % rate can be accepted as an upper bound. At this investment rate, and accepting the estimates of national income discussed above, the contribution from colonial trade to capital formation can be estimated. Thus, the estimated fall in private bullion shipments between 1784-1796 and 1815-1820 suggests a decline in total Spanish investment as a result of the loss of the colonies of between 6 and 16 %, with the most likely figure being around 8 to 11 %.

Gains obtained from patterns of specialization derived from colonial trade also deserve an examination. The composition of colonial imports (primary goods, mostly foodstuffs) suggests that the possibility of increasing production through reallocating resources would have been small, and that most gains might have resulted from an improvement in the patterns of consumption. Nevertheless, the colonial products could have been acquired on international markets and, consequently, gains from colonial trade would only occur if, given colonial rule, Spain acquired the same commodities at lower prices. Spain is assumed to be a small country and consequently a price taker. Furthermore, Spain's dependency on colonial raw materials was very small. In the case of Catalan cotton textile industry (one of the most dynamic industries), cotton yarn imports from Europe were of greater importance than colonial cotton imports, which emphasizes the weakness of the Catalan spinning industry.

Industrial exports (mainly textiles, iron and steel goods, paper, milling and spirits) certainly stimulated manufacturing development in Spain. The question is whether the foreign trade/national income ratio represents the externalities for the economy derived from the growth of industrial exports.

Colonial protectionist legislation made manufactures artificially competitive on the Spanish American market. The loss of the colonies is likely, therefore, to have been felt most acutely by industry and by particular regions (such as Andalusia and Catalonia). The evolution of specific industries after the Napoleonic Wars shows that the medium and long term consequences of loss of the colonies depended on the flexibility and dynamic nature of the industry concerned. For example, the Basque iron and steel industry became uncompetitive from the 1770's onwards. Demand from Spanish America together with domestic demand seems to have offset the decline in European demand, and the colonial market accounted for at least a third of Basque production at the end of the 18th century. A similar case is that of Valancian silk. Catalan shipping industry was another case of an industry which grew up onder colonial protection. In contrast to these examples, the maturity of Catalan cotton industry coincided with the loss of a large part of the overseas market. In spite of the role that colonial demand played in its origins, domestic demand absorbed at least four-fifths of total output. Instead of developing on the exclusive basis of import substitution, Catalan textile production expanded in the early 19th century simultaneously with the growth of smuggling of British cotton goods into Spain through Gibraltar and Portugal.

CONCLUSIONS

Colonial emancipation certainly had negative effects (particularly in the short term) on the Spanish economy. Trade in goods and services fell sharly and investment levels also declined. Domestic industry lost a protected market. The government's fiscal difficulties increased significantly as a result of the loss of revenue and an inflexible tax system. However, it is to the State's weak domestic base and the weakness of manufacturing industry that we should look for an understanding of the post-imperial failure.

Most flexible and competitive sectors of the economy eventually adapted to the new circumstances; particularly commercial agriculture which oriented supply towards the growing markets in north-western Europe. In aggregate terms, it can be suggested that the loss of the colonies seems to have had a less profound and widespread impact upon the Spanish economy than the historical literature has suggested. If, as has been pointed, there were links between Latin American independence and the fall of the *Ancien Régime*, then the loss of the colonies could have contributed significantly to the economic and social modernization of Spain.

PRODUCTION D'ARMEMENTS, PROGRES TECHNIQUE ET CROISSANCE ECONOMIQUE PENDANT LA REVOLUTION ET L'EMPIRE

Denis WORONOFF
C.N.R.S. Paris

Par les masses d'hommes qu'elles ont engagées, par les dépenses qu'elles ont entraînées, par l'étendue du théâtre des opérations, les *French wars* apparaissent comme le premier grand conflit de l'ère contemporaine. Il est dès lors tentant d'y chercher un corrélation entre industrie de guerre et économie, en termes de stimulant, d'innovation. Mais ce schéma, classique au XXe siècle, qui souligne l'effet d'entraînement de ces branches d'équipement militaire, promues au rang de secteurs-pilotes, est-il pertinent ici ? Le lien entre étatisation et modernisation de ces activités est-il observable sous Carnot comme il le sera au temps d'Albert Thomas ? Des productions protégées, soutenues, financées ont-elles le même impact, sur l'économie générale, de part et d'autre du XIXe siècle ? Ces questions qui parcourent depuis plus de trente ans l'historiographie de l'économie britannique (Crouzet, 1958; Trebilcock, 1969) méritent d'être posées à l'économie adverse, de 1792 à 1815.

LE POIDS DES ARMEMENTS

Quelle est la part des industries de guerre dans l'effort économique de la France, pendant ces vingt-trois années ? Il faut se défaire de tout anachronisme; le matériel compte peu, en regard des effectifs. Plus d'un million d'hommes sont mobilisés en l'an II; les armées napoléoniennes en verront passer deux millions. L'essentiel des dépenses vise à nourrir et à habiller ces soldats, à transporter aussi vivres et munitions. La guerre a besoin de pain, de barraques, de charrettes et de fourrages, en plus grandes quantités et à plus grand prix que de boulets ou de fusils. Néanmoins, par l'effet de ces masses de soldats, l'armement occupe une place nouvelle : si les fonds accordés, dans le budget de la Guerre, pour les armes portatives, les fers d'arsenaux et les projectiles ne représentent que 8 % du total, en 1806

86

comme en 1811, il serait paradoxal de sous-estimer l'ampleur inusitée de la dépense, 14.000.000 francs dans le premier cas, 25.500.000 francs dans l'autre. Si l'on se tourne vers le budget de la Marine, la part du matériel est évidemment beaucoup plus lourde. Sous l'Empire, elle évolue entre 27 % et 37 %. Mais la construction navale requiert surtout du bois. Pour la construction d'un vaisseau de 110 (canons), la dépense en métaux ferreux se monte, en 1800, à 180.000 francs (le cuivre et le plomb représentant sans doute un total voisin) sur 1.500.000 francs. En évaluant à 10 % de la Marine la dépense occasionnée par la fourniture métallique pour toute destination, on se tient probablement dans un ordre de grandeur vraisemblable. D'un point de vue comptable on peut donc soutenir à la fois que les *French wars* ont été un conflit encore faiblement industrialisé et qu'elles ont orienté vers les industries de base un flux d'argent significatif.

Peut-on saisir, au-delà de la part des armements dans l'effort de guerre de la nation française, le prélèvement industriel auquel il correspond ? Il faudrait dominer, mieux que cela est encore possible, le tissu industriel et les niveaux successifs d'activité des branches considérées. S'agissant de l'industrie des non-ferreux, les renseignements disponibles sont trop ténus pour être utilisés. La sidérurgie, industrie-clé de la défense et du développement, a bénéficié de la sollicitude continue des autorités et a donné lieu, par là, à une documentation abondante qui autorise l'historien à aller plus avant. Partons de l'aval, c'est-à-dire du réseau d'atelier et de manufactures militaires qui constitue le pôle de la demande; il est impressionnant. De 1789 à 1794, on passe ainsi de 5 à 30 fonderies de canons de marine (en fonte), de 3 à 20 manufactures d'armes à feu, de 1 à 20 manufactures d'armes blanches. Certes, il s'agit, pour la plupart, d'entreprises de plus petit module que celles qu'avait laissées l'Ancien Régime. En outre, la période napoléonienne marquera, dans ce domaine, une sévère déflation. Reste la présence simultanée et exigeante d'un nombre important d'ateliers-clients. Face à cet ensemble d'unités de production d'armements, que représentent les usines d'amont (hauts-fourneaux, forges, aciéries) concernées ? Au plus fort de la demande, le pouvoir réquisitionne pour les besoins militaires plusieurs centaines d'usines; le potentiel ainsi réuni en l'an II correspondrait à un haut-fourneau sur trois et à une forge sur cinq. Il est clair que cette militarisation massive excède de beaucoup les besoins du moment. Il s'agit plus d'une mise à disposition administrative, de précaution, que de réelles commandes. Une partie seulement de ces usines seront amenées à fournir les marchés d'Etat et, souvent, pour une fraction de leur production. Mais cette mesure, qui ne survivra pas à Thermidor, aura affecté la marche de nombreuses usines en créant une incertitude quant à leurs débouchés. Si l'on tente enfin de fixer, au moins grossièrement, l'impact des commandes militaires, autrement dit le niveau de la consommation d'Etat, on aboutirait aux résultats suivants : en l'an II, ce prélèvement représenterait 18 % de la fonte et 13 % du fer; en 1808, respectivement 10 % et 8 % (Woronoff, 1984). La différence entre les deux coupes chronologiques exprime moins le relâchement de la pression militaire que le progrès sensible de la production sidérurgique. L'effort de guerre de la Grande-Bretagne aboutirait, approximativement aux mêmes dates, à une ponction de 17 % à 19 % (C.K. Hyde, 1977). L'incertitude de ces données ne nous permet pas de commenter l'écart entre les deux puissances, qui n'est peut-être qu'un artéfact statistique. Retenons simplement l'indication de tendance : le prélèvement est certes modeste mais peut orienter l'activité des usines.

Le rapport de l'Etat-consommateur aux producteurs sidérurgiques, pendant notre période, peut se lire suivant deux axes, celui du degré d'urgence, celui du mode d'intervention de la puissance publique. Pendant la Révolution, et singulièrement en l'an II, la demande militaire doit être satisfaite immédiatement. De l'état de paix à l'état de guerre, du conflit classique à la levée en masse, il n'y a pas seulement changement d'ordre de grandeur mais bien saut qualitatif. D'où cette mobilisation presque excessive de moyens, ce volontarisme révolutionnaire (C. Richard, 1921). On ne sait plus ce qui relève du slogan politique ou de l'objectif industriel. La nouvelle manufacture d'armes de Paris doit sortir mille fusils par jour ! - elle y parviendra presque à la fin de l'an II; le Comité de salut public arrête que la marine de guerre doit passer le plus tôt possible de 65 à 100 vaisseaux... . Cette accumulation primitive permet à Napoléon d'envisager les commandes avec plus de sérénité et aide aussi le succès des armées, qui entraîne - on y reviendra - l'extension géographique du potentiel sidérurgique. Cette tendance générale connaît pourtant des événements contraires. En 1814, par exemple, la perte de la rive gauche du Rhin contraindra à réviser en catastrophe le système d'approvisionnement des armées en acier. Ou encore, dans le domaine maritime, les défaites d'Aboukir et de Trafalgar et, entre temps, la tentative de Boulogne changeront brusquement les besoins. La loi du 18 août 1792 place "les manufactures d'armes de guerre sous la surveillance du pouvoir exécutif". En cela, elle n'innove pas. Mais si le contrôle va de soi, les formes d'exploitation et, par là, le rôle de l'Etat dans la production, demeureront fluctuantes pendant toute la guerre. La monarchie avait combiné manufactures (ou fonderies) en régie et manufactures laissées "à l'entreprise". Le Comité de salut public devra se résoudre à accepter le système de la régie, faute, souvent, de trouver des entrepreneurs à la fois compétents et fortunés. Cette solution est vécue comme exceptionnelle et les pouvoirs publics feront tout, désormais, pour s'en dégager. Toutefois, si l'extension de la propriété d'Etat est toujours récusée (les propriétaires malheureux des usines du Creusot ou de Saint-Gervais ne parviendront pas à les vendre au gouvernement), la prise en charge directe de ce qui était en fermage pourra s'avérer nécessaire. Il en ira ainsi, sous l'Empire, des fonderies de marine (P.M. Conturié, 1951). Ici le libéralisme proclamé rencontre les exigences de l'économie de guerre. En amont de ces usines, la nationalisation des biens du Clergé puis des émigrés suscitera un débat semblable. La règle, bien sûr, est de vendre à des particuliers les usines que la Nation tient provisoirement. Mais quand celles-ci sont fournisseurs de guerre, comment être sûr que le nouveau propriétaire respectera et, plus encore, renouvellera ces marchés ? Milet-Mureau, ministre de la Guerre, s'inquiète ainsi, en 1799, de la vente des usines des de Wendel : "Il importe de conserver, au moins dans les circonstances actuelles, les établissements à la République, lorsque leur produit est nécessaire à son service...".

LE PROGRES TECHNIQUE REQUIS ET DIFFERE

Le débat sur les modes d'exploitation des manufactures nationales recouvre une préoccupation de progrès technique. Ce secteur ne constitue-t-il pas le levier enfin trouvé d'une politique d'innovation ? Du bon usage de l'économie de guerre.... . Le Comité d'artillerie, en 1802, "a senti que le système de la régie était le seul favorable au perfectionnement de l'art.... . "Pourquoi ? Un correspondant du Conseil des mines l'avait exposé clairement; "Le gouvernement, dans de grands établissements, est bien plus à même de perfectionner les moyens et le travail par des essais que ne peuvent l'être des particuliers". L'intérêt personnel serait-il antagonique du progès technique avec ce que ce dernier comporte de risque, d'attente ? L'autre position, qui associe au contraire entreprise, initiative, perfectionnements, est certainement majoritaire dans tous les rouages de l'Etat. Ce qui compte, en définitive, c'est la volonté continue des pouvoirs publics d'améliorer les méthodes et les produits des usines et manufactures participant à l'effort de guerre. Certes toute l'industrie sidérurgique est poussée à la réforme, sans distinction de débouchés. Mais le Comité de salut public, par sa Commission des armes et poudres, et, à sa suite, les ministères de la Guerre et de la Marine se sentent une responsabilité particulière pour les établissements qu'ils administrent ou en tout cas contrôlent. La sidérurgie, ici, est un élément d'une politique d'ensemble. Du salpêtre au télégraphe ou à l'aérostation militaire, la liaison science-technique-industrie est nettement déterminée par les besoins de la guerre. Un véritable "lobby scientifique", où s'activent Monge, Berthollet, Vandermonde, Hassenfratz, appuyés au Comité de salut public par Guyton de Morveau, Prieur de la Côté-d'Or, Carnot, oeuvre en ce sens (N. et J. Dhombres, 1989).

Une première contradiction s'installe au coeur de la politique industrielle et militaire du Comité. L'urgence plaide en effet contre l'innovation. S'il faut multiplier les ateliers et accroître spectaculairement leur production, les essais et les tâtonnements paraissent bien superflus, voire dangereux. En outre, augmenter les fabrications au rythme envisagé implique que de nouveaux venus-entrepreneurs et ouvriers-se joignent rapidement au groupe des fabricants d'avant-guerre. Est-ce le moment de changer de système technique ? Enfin, les innovations cruciales - fonte au coke, fer à la houille, acier fondu - se sont développées en Angleterre. Elles ne sont pas inconnues sur le Continent, mais leur "naturalisation" - par la connaissance des procédés concrets et pas seulement du schéma d'ensemble - est loin d'être entamée (J.H. Harris, 1978). Comment sortir de ce dilemme ? La réponse la plus conforme à l'esprit de l'an II serait : en diffusant les connaissances techniques nouvelles. C'est ce à quoi s'appliquèrent Monge et Vandermonde dans leurs *Avis aux ouvriers en fer sur la fabrication de l'acier* diffusés, à l'hiver 1793-1794, par les agents nationaux des districts à quinze mille exemplaires. N'était-ce pas céder à l'illusion pédagogique ? Un représentant en mission jugeait le mémoire "trop savant" et intelligible seulement pour les ouvriers déjà avertis.... Quoi qu'il en soit, de nombreuses aciéries se constituèrent avec l'aide des autorités révolutionnaires, à portée des manufactures d'armes qu'elles approvisionnaient. Acier naturel et acier de cémentation furent alors fournis en quantités suffisantes pour les armées. La qualité a-t-elle suivi ? Il ne semble pas. Dès que les succès militaires permettront d'utiliser l'acier allemand, les produits français seront délaissés. C'est bien manifester la contradiction entre le volontarisme de l'Etat-tuteur et le réalisme de l'Etat-consommateur. Rien, peut-être, ne la fait mieux apparaître que les mésaventures du Creusot. D'un côté, les bureaux des ministères (Intérieur, Marine) plaident pour l'usage du coke dans le haut-fourneau, symbole même de l'innovation en sidérurgie. Les ingénieurs des mines, sur le terrain, vont évidemment dans le même sens. Quand il s'agit d'accepter les produits de cette innovation, il est clair dès 1788 - et la confirmation sera donnée au début de 1793 - que les canons de marine du Creusot étaient cassants, donc inutilisables. Dès l'an II, l'usine-pilote entérine, par une sorte d'involution technique, le refus de ses produits : elle se tranforme en fonderie de seconde fusion, à partir de l'excellente fonte au bois de Franche-Comté. En 1807, autre étape dans la régression : le ministère de la Marine cesse ses commandes de canons au Creusot car le coke, décidément, lui paraît gâter le produit. Reste à se consacrer au lest et aux boulets. Pour cette dernière fabrication, l'inspecteur de la Marine trouvera, un moment, la fonte au coke "bien cassante, bien légère...". Peu importe ici qui a raison, dans la polémique sur la qualité des produits qui oppose, des années durant, directeurs du Creusot et inspecteurs de la Marine. L'Etat-client ne veut courir aucun risque. On trouverait la même attitude chez les inspecteurs d'artillerie à l'égard des manufactures d'armes et des usines d'amont, hauts-fourneaux et forges, pendant la période napoléonienne. Tout leur effort vise à restaurer la qualité des matériaux et des fabrications dont ils pensent qu'elle s'est détériorée précédemment, sous la pression de l'urgence. Ils veulent stabiliser les techniques plutôt que les bouleverser. En fait, ils ne refusent pas les améliorations : on les voit encourager, sous le Directoire, l'introduction des soufflets à piston et chercher, sous l'Empire, les moyens de faire produire plus et mieux aux hauts-fourneaux. En définitive, l'industrie des armements ne saurait être un banc d'essai. Pour innover, disait un ingénieur des mines, "il faut du temps, la paix et le calme".

QUELLE CROISSANCE ?

Sur la base de 1789, la production de fonte et de fer en France aurait, en 1809, augmenté de moitié. Entre ces deux dates, on peut placer vers 1800 la récupération du niveau de 1789 après les années de crise révolutionnaires. Toute la croissance est donc imputable à l'ère napoléonienne mais le moment de l'économie dirigée (l'an II) marqua une tentative de récupération puisqu'elle porta, dans un contexte très difficile, l'activité sidérurgique aux deux-tiers du niveau de référence. Les commandes de guerre n'ont pas eu d'effet direct spectaculaire mais néanmoins elles ont partiellement stimulé la production. Ainsi, à l'hiver 1791-1792, les besoins déjà annoncés ou prévisibles de l'armement encouragent les maîtres de forges à pousser les feux; c'est la crise économique et monétaire qui freinera cette reprise. Le prélèvement au dixième, ou approximativement, que les réquisitions ou commandes d'Etat opèrent sur la production des hauts-fourneaux et des forges est sans doute modeste à l'échelle nationale mais lourd ou heureux (selon le point de vue) si l'on se place à hauteur des régions et des entreprises. Sans doute la politique du Comité de salut public tend-elle à "nationaliser" la fourniture. Mais dès l'an III le resserrement géographique des fournitures bénéficie aux régions "traditionnelles", les Ardennes, la Lorraine, le Nivernais et le Périgord; seule la Normandie, qui s'est ouverte en l'an II à l'industrie de guerre, représente la nouvelle vague des régions sidérurgiques engagées dans les canons et les boulets. Le poids relatif des commandes de guerre sur ces pôles sidérurgiques contribue certainement à leur maintenir un niveau d'activité satisfaisant, compte tenu des circonstances. C'est bien là, par exemple, l'explication des bonnes performances de la sidérurgie normande de l'an III. Peut-on parler d'une politique anticrise ? Certainement pas. Reste que les commandes que reçoivent des forges de Dordogne, en 1812, les tirent opportunément du marasme général. On pourrait montrer sur quelques cas que le raisonnement vaut pour les entreprises qui, à l'intérieur de ces pôles privilégiés, retiennent l'essentiel des commandes. L'impact de la guerre comme stimulant industriel ne se limite pas à la France aux frontières de 1790. Au contraire, dans la durée de notre période, un déplacement d'intérêt est perceptible. Les sidérurgies des départements annexés de Belgique, du Luxembourg et de la rive gauche du Rhin sont fortement sollicitées. Elles sont puissantes - une centaine de hauts-fourneaux - et accoutumées, pour certaines, à ce genre de livraisons. Elles sont situées à portée des grands ateliers et arsenaux de Anvers, Liège, Metz et Strasbourg. On comprend que les bureaux aient eu de plus en plus recours à ces concentrations usinières. En définitive, cet afflux de commandes militaires vers les sidérurgies annexées n'est qu'un cas particulier de la conjoncture impériale qui ouvre à ces usines l'espace économique français. L'effet de la guerre ne se résume pas à l'ampleur des commandes. On le voit bien pendant la période d'économie dirigée. La commande ne vaut que par le soutien qu'elle suppose. Qu'il s'agisse du maintien sur place d'une main-d'oeuvre spécialisée qui, autrement, serait partie aux armées (pour la tranche d'âge 18/25 ans) ou de la réquisition des moyens de transport ou encore de la fourniture à bon prix de coupes de bois, la sidérurgie lourde chargée d'approvisionner les ateliers d'armements bénéficie d'un traitement de faveur. Or, il est rare que la totalité des fabrications soient effectivement accaparées par ces marchés. Les entrepreneurs disposent ainsi de moyens étatiques ... pour la clientèle privée. Quand les rigoureux inspecteurs de la Marine "rebutent" des aciers, le fabricant sait où trouver preneur pour sa marchandise. Il arrive, dit-on, qu'il ait volontairement dévié de la commande initiale.

La phase d'économie dirigée fut brève, même si ses effets se sont prolongés. En revanche, la protection du marché à l'égard des marchandises étrangères caractérise toute la période. La guerre, les blocus, la politique douanière forment un ensemble convergent qui aboutit à donner à l'industrie française entendue dans son extension impérial - la maîtrise du marché intérieur. Il est vrai qu'elle a perdu le débouché colonial, ce qui lèse les entreprises sidérurgiques de l'Ouest et du Périgord. Mais, en revanche, le concurrent anglais n'est plus présent, alors que le Traité Eden avait ouvert une brèche redoutable. Ainsi la guerre libère-t-elle les fabricants français de la compétition inégale avec des marchandises moins chères et plus réputées que les leurs. C'est à la fois la nécessité et l'occasion de proposer à la clientèle publique et privée des produits que l'on n'obtient plus d'Outre-Manche. En 1809, Delloye, un industriel de l'Ourthe, est primé par la Société d'encouragement pour ses fers-blancs dont la devise est : "Plus d'Anglais !". Or cette économie de guerre se combine, au moins de 1800 à 1810, avec une croissance nette de la demande intérieure. Ici jouent simultanément - parce qu'ils ont été différés - les besoins de l'urbanisme, des transports, des consommations domestiques. Sur ce dernier point, il semble que le mieux-être paysan se traduit par une demande accrue de fer, d'acier, de fonte moulée aussi bien au champ qu'au foyer. La réponse de l'industrie sidérurgique ne se trouve pas dans la multiplication des unités de production. D'ailleurs, le filtre des autorisations d'usines ne laisserait passer qu'un nombre restreint de nouveaux consommateurs de mine et de bois. C'est plutôt dans l'intensification du travail qu'il convient de chercher cette réponse. Les hauts-fourneaux qui ne coulaient que tous les deux ans se mettent à une "campagne" annuelle. Les forges marchent jusqu'aux limites des possibilités hydrauliques de leur site, au lieu de régler leur travail sur le seul critère du niveau des commandes. Enfin, les installations sont agrandies - en surélevant par exemple les fourneaux - ou renforcées : la tendance est d'ajouter un feu de forge à ceux qui existent déjà ou à compléter l'affinerie d'une fonderie. Cette utilisation intensive du potentiel de production s'accompagne d'une hausse continue des coûts, ou en tout cas du principal, le bois. Au lieu de bénéficier d'allégement de leurs charges - qui n'est pas niable, par ailleurs - les maîtres de forges connaissent, en fin de période, une détérioration de leurs profits, car les prix du marché n'ont pas suivi la hausse accélérée du combustible. Croissance ambigue, donc, et croissance inégale. Car la variété des situations d'entreprises face au bois, les efforts aussi de productivité à l'intérieur du système technique dessinent une hiérarchie des réussites et des échecs. C'est dire enfin que ce marché protégé et dont la demande croît procure des rentes aux usines les plus avancées. Ce n'est donc pas l'industrie de guerre qui secrète le progrès technique et porte la croissance; à tout le moins son rôle est modeste. On chercherait davantage dans les jeunes industries de la chimie et du coton une corrélation de cette nature. La production d'armements pendant les *French wars* a pu consolider un secteur d'industrie qui se trouvera en 1815 au péril de la paix.

REFERENCES

P.M. Conturié, *Histoire de la fonderie nationale de Ruelle (1750-1940) et des anciennes fonderies de canons de fer de la Marine* (Paris, 1951).

F. Crouzet, *L'économie britannique et le Blocus continental, 1806-1813* (Paris, 1958).

N. et J. Dhombres, *Naissance d'un nouveau pouvoir : sciences et savants en France 1793-1824* (Paris, 1989).

J.H. Harris, "Attempts to Transfer English Steel Techniques to France in the Eighteenth Century", *Business and Businessmen* (Liverpool, 1978).

C.K. Hyde, *Technological Change and the British Iron Industry 1700-1870* (Princeton, 1977).

C. Richard, *Le Comité de salut public et les fabrications de guerre sous la Terreur* (Paris, 1921).

C. Trebilcock, "'Spin-off' in British Economic History: Armaments and Industry, 1760-1914", *The Economic History Review*, 22 (1969), 474-490.

D. Woronoff, *L'industrie sidérurgique en France pendant la Révolution et l'Empire* (Paris, 1984).

OLD AND NEW INDUSTRIAL AREAS IN BRITAIN DURING THE REVOLUTIONARY AND NAPOLEONIC WARS

Sidney POLLARD
Bielefeld University

Recent research has questioned some old-established truths about the macro-economic consequences of the French Revolutionary and Napoleonic Wars in Britain. It is thus no longer certain that warfare and Government borrowing created a shortage of capital and "crowded out" possible productive investment in those years (Heim and Mirowski, 1987; Mokyr, 1989; Mokyr and Savin, 1976). On the other hand, the traditional story of labour shortages, and the damage done to certain localities as the press gangs abducted young male workers, seems to have stood up to the renewed shifting of the evidence. (Hueckel, 1972-1973, pp. 171-3; Emsley, 1979, p. 111). It has also generally been assumed that war-important industries, such as iron production, the manufacture of textiles used for uniforms, or shipbuilding, would experience boom conditions, while luxury industries or those without war potential would be held back. In view of the strong regional concentration of most industries, the enquiry about the fate of industrial areas is best treated from the point of view of the fate of their dominant industrial sectors.

In the case of the cotton industry, the regional distribution is relatively simple to establish. Its most important concentration by far was to be found in Lancashire and adjoining parts of Cheshire and Yorkshire, with a secondary concentration in South-West Scotland and the Midlands, and small nodules in Northern Ireland and North Wales. At the outbreak of war the industry was still in its primary expansion phase, a virtually new industry (Daniels, 1915-1916, pp. 54-56), so that the effects of war have to be seen against a massive undercurrent of growth of output.

The war affected the cotton industry directly in at least three ways: by making wool, used for uniforms, relatively dearer, it speeded its replacement by cotton. The length of trade credit granted was reduced sharply from 1-2 years to 6-12 months (Chapman, 1979, p. 52); and the export trade to different regions of the world was disrupted by warfare and the policies of the belligerents. There was an immediate phase of distress following the outbreak of war in Manchester and the other cotton areas, but recovery followed, and a slow boom, interrupted 1799-1800, led to a period of high prosperity in the short period of peace. The Orders in Council and the Berlin and Milan decrees were by-passed at first, and the years 1808-1810 saw sharp rises in total cotton goods exports; then, for a short period, most European outlets were blocked, while the US market also became difficult, but from 1812 onwards continental markets, beginning with Russia, gradually became accessible again (Daniels, 1915-1916 and 1917-1918; Gayer, Rostow, Schwarts, 1975).

In all this, Lancashire seems to have managed much better than the other regions. It is likely that the outlying areas would have succumbed to Lancashire in the long run in any case, but the war undoubtedly accelerated the process of regional concentration. The reasons are not entirely clear. For the Midlands, an early leading region, it was said that the market for finer yarns for Nottingham lace shrunk in war time because it was a luxury product (Chapman, 1967, p. 215). Elsewhere, especially in Scotland and Belfast, war disruptions seem to have caused more damage than in Lancashire (Daniels, 1915-1916, pp. 60, 80 and Daniels 1917-1918, p. 16). There was a weaker infrastructure there, less access to credit, which was of particular importance under the highly fluctuating war-time conditions (Rose, 1986, pp. 33-35; Smelser, 1959, pp. 118-125) and the beginnings of that technical inferiority which was to lead to the ultimate decline of Belfast in the 1830's and Scotland from mid-century.

The woollen and worsted industries, with their long history, were dispersed over most counties, but by the outbreak of the French wars, there had emerged three major regional concentrations: Norwich and the area surrounding it, several clusters which may be grouped together as the West Country, and the comparatively recent region of the West Riding of Yorkshire, specializing in rather cheaper goods than the other two. A long-term process of expansion of the West Riding as against the other two could also be discerned. How was it affected by the wars ?

The woollen mills did badly in the war years; against this, the worsted mills experienced a huge expansion for uniform material, both for home use and for armies abroad. At the same time, export markets were being affected in a very similar manner to those of cotton goods, while, overall, as in cotton, it was a period of substantial growth (Jenkins and Ponting, 1982, pp. 61-74). Fortunately, we have some estimates of the regional distribution of new or additional mill building and of the capital involved.

Table 1: REGIONAL DISTRIBUTION OF WOOL TEXTILE MILLS IN BRITAIN, (1795-1815)

Region	Number of Mills Working		Estimated Fixed Capital Stock (£000)	
	1795	1815	1795	1815
West Riding	126	278	167	751
Lancash. and Chesh.	25	56	24	112
W,S,SW,E. Counties	48	245	48	511
Midlands, North, Wales, Scotland	25	151	13	139
TOTAL	224	730	252	1513

Source: Jenkins, 1988, pp. 131, 134.

It is clear that the West Riding, the later leading region, lost ground in the war years, dropping from 56 % of the mills and 66 % of the capital invested at the beginning of the period, down to 38 % and 50 % respectively, though its average mill size, at £ 2,700, was still well above the national average of £ 2,073. The main winners were the western and southern districts, rising from 21 % of mills to 34 %, and from 19 % of the capital to 34 %. Their rise was in fact faster still, because included in these figures is the Norwich region, which continued its long-term decline in those years.

This development is puzzling at first sight, since it is the West Riding which got most of the army orders (Heaton, 1965, p. 280; Wilson, 1971, p. 111). However, it was also hit badly by the loss of export markets - credit terms lengthened, rather than being reduced in this phase (Hudson, 1986, pp. 160-161) - and the incidence of Luddism in Yorkshire showed that there was much unemployment and distress. By contrast, the West Country did well in high quality goods, and sent new types of goods, such as cassimeres and twill, to market. In this case, war seems to have distorted the industrial location, without affecting its long-term trend.

Iron making also was in its expansive phase following a series of technical breakthroughs, above all the puddling process. Output growth was boosted further by the demands for armaments, and by the interruptions in trade with Sweden and Russia, whence much bar iron had hitherto been imported (Ashton, 1968). There were also successive increases in the duties levied on foreign iron in 1796, 1797, and 1798.

Here, also, we are fortunate in having some regional statistics, though unfortunately not exactly coinciding with the war years.

Table 2: IRON FURNACES BUILT AND PIG IRON OUTPUT (1790-1823)

Region	Net. No. 1790-6	Furnaces Built[+] 1796-1806	Furnaces Built 1806-23	Closed 1806-23	Pig Iron Ouput 1806 000 tons
Derbyshire and Yorkshire	11	16	18	22	37
Scotland	4	9	2	3	23
Shropshire	6	12	6	10	55
Staffordshire	6	25	55	13	49
Wales	8	23	31	6	78
TOTAL (incl. others)	35	88	112	54	250

+ Furnaces built minus furnaces closed.
Sources: Davies and Pollard, 1988, p. 90; Scrivenor, 1967, pp. 95-99.

It may be taken that most of the furnaces listed as "built" in the period 1806-1823 were built in the war years, whereas the closures listed came thereafter.

It is evident that the main gainers were Staffordshire, Shropshire and Wales (in effect, South Wales); Derbyshire and Yorkshire and Scotland were also expanding. The effects of the war on these regions, however, show considerable differences.

Shropshire had been the pioneer, many of the marvels of the new metallurgy, of new means of transport and mining having been developed there in the eighteenth century. In the war years, a heady boom ended this pioneering phase, but as the resources began to give out, decline set in even then. This region, together with North Wales, belongs to the classic cases of early industrializing regions losing out in the second phase - a development accelerated by the war (Trinder, 1973; Court, 195, p. 175).

By contrast, Staffordshire, and with it the whole of the "Black Country", was on the way up. In the war years it registered an exceptional rate of growth which established it as a major concentration of heavy industry for the rest of the century: "This was partly the result of the immense demand for metal for war-like purposes" (Court, 1965, p. 255. Also Raybould, 1973, p. 135). Most spectacular of all, perhaps, was the expansion of the South Wales iron industry, laying the foundations in war-time of a later major industrial region (John, 1950, p. 101; Gayer, Rostow and Schwarts, 1975, pp. 72-73).

Scotland, at the other extreme, failed to benefit much from the war since it was too far from the markets, and its high-cost units survived only because of the protection of distance. Only Carron flourished as an armaments producer (Slaven, 1975, pp. 116, 125). The development of Scotland as a centre of heavy industries had to wait for post-war technical innovations. The small Furness district, with its charcoal iron furnaces, declined altogether in war-time, only to experience a rather surprising brief revival later.

For coal, also there are some regional output estimates.

The big jump in output for South Wales and Staffordshire are as evident here as in the iron statistics: clearly, these were the war profiteers. Yorkshire and Lancasire were in process of building up their industrial complexes, being possibly less directly influenced by the war. Shropshire was tailing off, and the North-East and Scotland did not gain, and may have lost, by the distortions of the war.

Table 3: COAL OUTPUT IN MAJOR REGIONS (1791-1815)

Region	Coal Output 1791-5	000 tons 1811-5	Increase in %
Northumberland, Durham	2817	3702	31
South Wales	800	1800	125
Yorkshire	950	1800	89
Lancashire and Cheshire	800	1600	100
Staffordshire and Worcs.	850	2400	182
Shropshire	400	700	75
Scotland	1700	2500	47
TOTAL, including others	9570	16590	73

Source: Pollard, 1980, p. 229.

A region of particular interest was Cornwall. Its wealth in tin and copper had led to an early industrial concentration both of population and of steam pumping engines: Cornish mining was among the most important beneficiaries of the Boulton & Watt partnership. In war time, the sheathing of warship led to an exorbitant rise in demand for copper; but while the prolific Anglesea mines gave out at about that time, leaving Cornwall without serious competition, Cornish output also was inelastic and could be pushed up only to a very limited extent, despite the price boom. The output of tin, however, stagnated (Harris, 1964, pp. 109, 134; Hamilton, 1967, pp. 209-212). The war formed only a temporary reprieve for the region; it could not reverse its long-term decline as a major industrial centre.

Shipbuilding itself experienced an unprecedented boom. The leading private shipyards and also some of the largest warship yards were on the Thames, and received orders beyond their capacity to deliver.

There are some signs that the unhealthy expansion of the war years led to a particularly drastic collapse thereafter, perhaps the first in the long-term decline of the Thames as a shipbuilding river, and of London as a manufacturing centre for anything but the commodities for which location in the capital was a necessity (Prothero, 1979, pp. 46-48). The outports also did well in the war years, but their expansion was less exorbitant, and their decline less drastic (Dougan, 1968, pp. 232; Slaven, 1975, p. 125; Gayer, Rostow, Schwartz, 1975, p. 709).

Finally, a paradox: Birmingham, centre of the arms trade, might have been expected to be booming in the war years. Instead, the evidence seems overwhelming that, apart from the musket makers, it was one of the worst-hit towns, the distress of the war years continued practically unrelieved until the end of the hostilities. The main reason was its dependence on foreign markets which became difficult of access, and its concentration on luxury types of goods (Court, 1965, pp. 209-211; Hopkins, 1989, pp. 71-75; Gill, 1952, pp. 115-117). These misfortunes did not, however, prevent Birmingham from becoming later in the century the centre of one of the major industrial regions of the country.

The British experience is not easily summed up. Unlike some areas on the Continent, especially those which changed hands or came under French control, British industrial areas experienced few drastic permanent shifts in regional strength owing to the war. Rather war conditions tended to reinforce, or accelerate, existing trends. Thus cotton, iron, wool and coal and the regions of their concentration were hardly slowed in their upward march, though the trend to concentration, and the shrinking of the declining centres, were accelerated. Some, like Shropshire, Cornwall, London shipbuilding and North Wales experienced something like an Indian Summer before succumbing. But in the end, the impetus of the industrial revolution, with the world's market open to British exporters, drove all before it.

REFERENCES

T.S. Ashton, *Iron and Steel in the Industrial Revolution* (Manchester, 1968).

S.D. Chapman, *The Early Factory Masters* (Newton Abbot, 1967).

S.D. Chapman, "Financial Restraints on the Growth of Firms in the Cotton Industry, 1790-1850", *Economic History Review*, 32 (1979), 50-69.

W.H.B. Court, *The Rise of the Midlands Industries 1600-1838* (London, 1965).

G.W. Daniels, "The Cotton Trade during the Revolutionary and Napoleonic Wars", *Transactions of the Manchester Statistical Society* (1915-1916), 53-84.

G.W. Daniels, "The Cotton Trade at the Close of the Napoleonic War", *Transactions of the Manchester Statistical Society* (1917-1918), 1-37.

R.S.W. Davis and S. Pollard, "The Iron Industry, 1750-1850", Ch. H. Feinstein and S. Pollard (eds.), *Studies in Capital Formation in the United Kingdom 1750-1920* (Oxford, 1988).

D. Dougan, *The History of North-East Shipbuilding* (London, 1968).

C. Emsley, *British Society and the French Wars 1793-1815* (London, 1979).

A.D. Gayer, W.W. Rostow, A. Jacobson Schwartz, *The Growth and Fluctuations of the British Economy 1790-1850* (Hassocks, 1975, 1st ed. 1953).

C. Gill, *History of Birmingham*. Vol. I. *Manor and Borough to 1865* (London, 1952).

H. Hamilton, *The English Brass and Copper Industries to 1800* (London 1967).

J.R. Harris, *The Copper King* (Liverpool, 1964).

H. Heaton, *The Yorkshire Woollen and Worsted Industries* (Oxford, 1965, 2nd ed.).

C.E. Heim and Ph. Mirowski, "Interest Rates and Crowding-Out During Britain's Industrial Revolution", *Journal of Economic History*, 47 (1987), 117-139.

E. Hopkins, *Birmingham: The First Manufacturing Town in the World* (London, 1989).

P. Hudson, *The Genesis of Industrial Capital. A Study of the West Riding Wool Textile Industry c. 1700-1850* (Cambridge, 1986).

G. Hueckel, "War and the British Economy, 1793-1815. A General Equilibrium Analysis", *Explorations in Economic History*, 10 (1972-1973), 365-396.

D.T. Jenkins, "The Wool Textile Industry, 1780-1820", H. Feinstein and S. Pollard (eds.), *Studies in Capital Formation in the United Kingdom 1750-1920* (Oxford, 1988), 126-140.

D.T. Jenkins and K.G. Ponting, *The British Wool Textile Industry 1770-1914* (London, 1982).

A.H. John, *The Industrial Development of South Wales 1750-1850* (Cardiff, 1950).

J. Mokyr, "Has the Industrial Revolution been Crowded Out ?", *Explorations in Economic History*, 24 (1987), 293-319.

J. Mokyr and E.N. Savin, "Stagflation in Historical Perspective: the Napoleonic Wars Revisited", *Research in Economic History*, 1 (1976), 198-259.

S. Pollard, "A New Estimate of British Coal Production, 1750-1850", *Economic History Review*, 33 (1980), 212-235.

I.J. Prothero, *Artisans and Politics in Early Nineteenth-Century London* (Baton Rouge, 1979).

T.J. Raybould, *The Economic Emergence of the Black Country* (Newton Abbot, 1973).

M.B. Rose, *The Gregs of Quarry Bank Mill* (Cambridge, 1986).

H. Scrivenor, *History of the Iron Trade (1841)* (London, 1967).

B. Trinder, *The Industrial Revolution in Shropshire* (Chichester, 1973).

R.G. Wilson, *Gentlemen Merchants. The Merchant Community in Leeds 1700-1830* (Manchester, 1971).

BOHEMIAN AND MORAVIAN INDUSTRY AT THE TURN OF THE NINETEENTH CENTURY

John KOMLOS
University of Pittsburgh

The economic upswing of the second half of the eighteenth century was a widely dispersed phenomenon in Europe, and the western provinces of the Habsburg Monarchy participated fully in this secular expansion. One can infer from evidence on raw material imports that the monarchy's cotton textile production, for instance, was growing at a rate in excess of five % per annum during the closing decades of the century. Aggregate output figures of pig iron production indicate an annual growth rate of 2.2 % (Komlos, 1983, p. 110). Much more detailed data are available at the local level, since provincial officials collected evidence on industrial production annually. These records suggest that the expansion was not confined to the two sectors on which aggregate statistics exist: in the monarchy's more developed western provinces the industrial revolution was actually under way (Komlos, 1989, p. 169).

In Bohemia and Moravia, the provinces under consideration, industrialization proceeded at a very rapid rate, indeed. During the last third of the century the industrial labour force grew there at a rate exceeding four % per annum (Table 1). (The same result is obtained even if one were to disregard the Bohemian census of 1766, for possibly having been incomplete) (Unless otherwise noted all data are from the archival sources found in the references). Not only was economic development rapid and widespread during the second half of the eighteenth century, but it was to last, with one hiatus, well into the twentieth century. This interruption was caused by the disturbances related to the French Revolution. It is to this brief interval that this essay is, in the main, dedicated.

The long expansion of the eighteenth century was not halted by the initial onset of hostilities: during the 1790s industrial growth seems to have continued unabated (Table 1). Although the statistical evidence becomes fragmentary after 1798, all indication is that the momentum of growth dissipated after the turn of the century. In Moravia, for instance, the total number of industrial workers declined by five % between 1802 and 1806 (Table 1). In Bohemia records are extant for these years for eleven of the seventeen counties, which accounted for about 60 % of total industrial output of the province by value of 1798. These records indicate that the industrial labour force declined by about 6.3 % between 1798 and 1806, rebounded somewhat in 1807 (+3.3 %), and then fell back to the level of 1806 (Table 2). By value of output, the decline between 1798 and 1806 was slightly less (-2.7 %), and the rebound of 1807 larger (+7.4 %). In contrast to the number of men employed, the value of output did not fall in 1808, but rose instead by 3 % relative to 1807. Thus the indicators of aggregate production, limited, to be sure, to about half of the counties, indicate that the dislocations of the war had a powerful effect in bringing industrial growth to a halt in the first years of the new century, although the Continental Blockade itself had a very small overall impact.

Table 1: INDUSTRIAL LABOUR FORCE IN BOHEMIA AND MORAVIA (1766-1806)

BOHEMIA			MORAVIA		
Year	Total	Growth	Year	Total	Growth
1766	37,100		1775	20,700	
1771	72,900	4.6	1789	34,400	3.7
1786/8	116,000	8.0	1802	66,100	5.2
1793/4	121,200	0.7	1803	52,100	
1797/8	146.700	2.1	1804	61,133	
			1806	63,000	

Note: Without yarn spinners.

But there were sectoral differences. Examining the patterns of growth by the major industrial sectors (Table 3) indicates that the turn-of-the-century setback was most severe in the woolen textile and in the glass producing branches. Linen producers, too, suffered, but considerably less severly. In contrast, cottons and metals experienced a veritable boom initially (Table 2). The introduction of the Continental Blockade had only a small effect to reverse these tendencies. In terms of employment the effect was negligible by 1808. In terms of value, total output seems to have grown by about 10 % during the first two years of the blockade.

Table 2: BOHEMIAN INDUSTRIAL GROWTH RATES, SELECTED COUNTIES[a]

	LABOUR FORCE[b]						
Period	Linen	Woolen	Cotton	Glass	Metals	Total	Total Value[c]
1798-1806	-7.1		+ 6.2	-21.0	+139.0	-6.3	-2.7
1798-1802		-24.0					
1802-1803		- 1.3					
1803-1806		- 6.3					
1806-1807	+3.5	- 2.5	+16.4	+9.3	-7.5	+3.3	+7.4
1807-1808	+0.3	+ 9.6	-50.5	+ 6.2	- 4.2	-4.0	+3.1

Note: a data are available for countries 1, 2, 3, 4, 5, 7, 9, 10, 11, 15, 17, except that for woolen textiles all counties are represented for 1798, 1802 and 1803 (see appendix for county codes);
b does not include yarn spinners;
c of output measured in current prices (florins).

Table 3: SECTORAL BREAKDOWN OF BOHEMIAN INDUSTRIAL PRODUCTION (1796)

Branch	Gross	Output[a]	%[b]	
Textiles	20.5		75	
linen		9.4		34
woolen		8.7		32
cotton		2.1		8
Glass	1.7		6	
Iron	1.3		5	
Other	3.9		14	
TOTAL	27.4			

a in millions of florins;
b of total output.

To be sure, there is some contradictory evidence which could be interpreted to indicate that the output records underestimate the actual impact of the blockade, particularly for linen production. According to fragmentary reports on export activity industrial exports rose 79 % in 1807 and another 4 % in 1808. (Evidence is extant for counties, 2, 3, 5, 7, 9, 10, 11, 15). The discrepancy between the export and the production data might be due to different allowances for inflation. Hence, one report has linen exports from Königgrätz county remaining approximately the same, while their price is supposed to have increased from 15.2 to 25.6 florins per bolt. Similarly, bleached linen exports from Bidschow county reportedly doubled in 1807, but their value quadrupled (Table 4). Yet, these figures are suspect to some extent, because if bleached linen textile prices rose to such an extent why did prices of unbleached, and of dyed linen textiles rise much less (Table 4)? How could exports have increased to such an extent while the number of persons employed in linen textile production is said to have increased only slightly from 6600 to 6800? Output does not appear to have responded to the export opportunities either. Of course, the large increase in linen exports could have come out of inventory. Further research is needed to understand better the sources of these inconsistencies.

Other evidence also indicates that the dislocations of the wars did not completely stop all development. The number of flax spinners continued to grow after the turn of the century at about the same rate as in the 1790s, while the number of persons engaged in both wool and cotton yarn spinning increased more rapidly than in the 1790s (Table 5). This pattern implies that the demand for yarn continued to expand in spite of the stagnation in the demand for the final product. This suggests either that foreign demand for yarn rose or that the availability of foreign yarn to domestic producers declined. In any case, the increased market for yarn induced a veritable boom in the mechanization of the cotton yarn production a very long time after the inventions were introduced into England.

Table 4: LINEN PRODUCTION AND EXPORTS FROM BUNZLAU
COUNTY (1806-1808)

	1806			1807			1808		
	Q	Price	Value	Q	Price	Value	Q	Price	Value
Exports									
yarn[a]	175.6	1.0	173.1	89.8	1.4	127.2	54.8	1.75	95.9
linen[b]	10.4	14.1	147.1	16.5	19.2	316.9	12.9	22.1	285.4
linen[c]	26.3	18.1	475.3	57.9	36.8	2,133.1	46.2	43.9	2,030.0
linen[d]	5.0	17.9	89.3	6.4	25.0	160.0	5.0	30.5	152.5
Total[e]	41.7	17.1	711.7	80.7	32.3	2,610.0	64.1	38.5	2,467.9
Production									
linen[b]	87.8	16.1	1,412.7	79.3	18.6	1,475.8	80.8	18.3	1,475.9
linen[cf]	60.4	2.6	159.2	68.4	2.7	183.4	53.2	3.1	167.1

Note: Quantities are in 1,000s of units (bolts for linen textiles); Value is in
1,000s of florins;
a unbleached linen;
b unbleached textiles;
c bleached textiles;
d dyed textiels;
e linen textiles only;
f price makes sense only if it referred to value added in bleaching;
this is consistent with the export price, as the price of bleached
linen would then be (16.1 + 2.6) 18.7 florins, not significantly
different from 18.1 florins, the export price in 1806.

Actually this might be considered the only long-run benefit of the disruption
of trade first by the wars and then by the formal blockade itself. While there
was plenty of merchant capital in Bohemia in the eighteenth century, and
while it would have been clearly worth while even with the low wages paid
to the yarn spinners to introduce the British technology much earlier because
the gains in productivity would have made the switch profitable, there was a
general reluctance to do so. Profits alone did not provide sufficient motiva-
tion to adopt the new technology until the additional incentive of yarn shortages rendered its introduction much more urgent. In Bohemia, such
machines were generally first installed by weaving firms who used the yarn
themselves and whose very existence was threatened by the shortage of yarn.
In Bunzlau county the value of machine-produced cotton yarn grew at a rate

of 20 % per annum between 1806 and 1824. Of course, one could argue that the introduction of the machines was inevitable, and that the wars and the blockade merely speeded up the process, so that the development of this sector ought not to be ascribed entirely to the effects of the trade disruptions. Furthermore, even in Bunzlau county, where mechanization in Bohemia was perhaps most advanced, the value of machine-produced yarn was a minuscule 3 % of the value of total industrial product as late as the 1820s. Thus the fact that this branch of industry started in Bohemia a few years before it otherwise would have wanes in significance when one considers the overall difficulties of the industrial sector during the first quarter of the nineteenth century.

Even if there were some minor initial benefits to some branches of the industrial sector, it is clear that the overall effect was limited and quite temporary. Total iron production of the monarchy first reached its turn-of-the century maximum in 1820, and cotton textile production did so in 1824 (Komlos, 1983, p. 110). After 1808 aggregate output figures exist for only two Bohemian counties (Table 7). These indicate that the subsequent years were full of adversity. In the less industrial Czaslau county the labour force engaged in industrial production was halved by 1812 and remained in depression throughout the second decade of the century. The industrial sector in Bunzlau county, one of the most developed areas of Bohemia, did not suffer as much initially, but the trough of the depression was equally deep. Even in the 1820s the industrial labour force engaged in the county was two-thirds of its eighteenth-century level.

In conclusion, the pattern that emerges leaves little doubt that the Napoleonic Wars, with the concomitant financial costs and human sacrifices, placed a considerable burden on the industrial development of Bohemia. Not until the middle of the 1820s was the momentum of the eighteenth century regained. It appears, in addition, that the disruptions of the wars themselves were as much a cause of the stagnation as the formal Continental Blockade itself.

Table 5: GROWTH IN THE NUMBER OF YARN SPINNERS IN BOHEMIA (1798-1808)

	Flax	Wool	Cotton	Total
1798-1806	+14.8	+88.5	+ 0.2	+22.3
1806-1807	- 1.2	- 5.9	+27.0	- 1.4
1807-1808	+ 1.4	- 3.7	+ 4.3	+ 0.3

Note: For the counties included in this sample see Table 2. The numbers of spinners, from which the growth rates are derived, were converted into full-time equivalents by assuming that three part-time spinners were equal to one full-time spinner.

Table 6: MECHANIZATION OF COTTON SPINNING IN BUNZLAU COUNTY (1798-1824)

	Hand Spinners[a]		Mechanical Spinning Mills		
	Workers	Output[b]	Machines	Workers	Output[c]
1798	1177	46,000			
1806	1285	50,000	15	71	16,100
1807	1330	52,000	15	70	21,800
1808	1276	50,000	16	71	20,600
1818			44	173	123,600
1819	222	9,000	45	178	199,600
1820	171	7,000	50	185	229,900
1821	247	10,000	59	203	330,100
1822	221	9,000	71	226	363,500
1824	210	9,000	99	323	422,100

Notes: [a] Full-time spinners plus one-third of the part-time spinners;
[b] Florins in constant prices estimated by assuming that the annual spinning capacity per capita was about 20 lbs at a value of two florins per pound;
[c] Florins in current prices.

Table 7: INDUSTRIAL LABOUR FORCE IN TWO BOHEMIAN COUNTIES (1798-1824)

BUNZLAU					
Year	Linen	Woolen	Cotton	Total[a]	Index
1798	7084	3908	337	14033	100
1802		3347			
1803		3276			
1806	6559	2440	1424	13773	98
1807	6098	2519	1633	13903	99
1808	5869	2983	835	12937	92
1812					
1813					
1814					
1815					
1816					
1817					
1818	2725	2219	1494	7431	53
1819	2521	2466	2528	9132	65
1820	2436	2916	2395	9097	65
1821	2229	2876	1759	9546	68
1822	2226	2686	2605	9199	66
1823	2213	2318	2283	7990	57
1824	2359	2300	2884	9522	68

[a] Includes miscellaneous textile workers.

CZASLAU					
Year	Linen	Woolen	Cotton	Total[a]	Index
1798	2177	1467	1875	6001	100
1802					
1803		1852			
1806	1921	1713	337	4323	72
1807	1880	1515	340	4098	68
1808					
1812	1404	1125	145	2952	49
1813	1381	995	103	2662	44
1814	1491	1312	96	3160	53
1815	1418	1251	111	3057	51
1816	1468	1208	120	3082	51
1817	1561	1041	116	2979	50
1818	1520	1040	90	2905	48
1819	1473	1119	138	2989	50
1820	1599	1229	114	3202	53

a Includes miscellaneous textile workers.

APPENDIX

Bohemian county codes: 1-Bunzlau, 2-Königgrätz, 3-Bidschow, 4-Chrudim, 5-Czaslau, 6-Kaurzim, 7-Budweis, 8-Tabor, 9-Pilsen, 10-Klattau, 11-Prachin, 12-Saaz, 13-Elbogen, 14-Leitmeritz, 15-Rakonitz, 16-Beraun, 17-Prague.

The collection of these data was supported by a travel grant to Czechoslovakia from the National Research Council.

REFERENCES

Archival Sources:

Prag, Czechoslovakia, Státní ústrední archiv v Praze, C.G. Com. Boxes 715-731.

Prag, Czechoslovakia, Státní Oblastni archiv v Mladá Boleslav, Commerz, Box 1102.

Zámrsk, Czechoslovakia, Státní Oblastni archiv v Zámrsk, Box 2163.

Brno, Czechoslovakia, Státní Oblastni archiv v Brno.

Vienna, Austria, Hofkammer Archiv, Kommerz Acten, Rote Nr. 795b.

Published Sources:

J. Komlos, *The Habsburg Monarchy as a Customs Union: Economic Development in Austria-Hungary in the Nineteenth Century* (Princeton, 1983).

J. Komlos, *Nutrition and Economic Development in the Eighteenth-Century Habsburg Monarchy: An Anthropometric History* (Princeton, 1989).

THE MEDITERRANEAN ECONOMY DURING THE NAPOLEONIC WARS

Stuard WOOLF
European University Institute
and University of Essex

The Mediterranean shared in the acceleration of the world economy that characterized the final decades of the ancien regime. Although its growth rate was certainly lower than that of the Atlantic, the Mediterranean benefitted from the overall increase in European demand and from its partial integration into the circuits of colonial exchange. Traditionally, since its 17th century decline, the economy of the western part of this great inland sea - Italy, the French Midi and Spain - had been structured around an internal commercial area, incorporating the Mediterranean hinterlands, and longer distance trade routes to the Ottoman lands of the eastern Mediterranean and the Levant. An important market for the north European sea powers, given the accumulated wealth of the Italian states and Spanish bullion, the Mediterranean cities retained or developed an entrepreneurial role as supplier of foodstuffs (wine, oil) and luxury goods (silk cloths), to central-eastern Europe and cheaper manufactures (mainly textiles) to north Africa and the Levant.

As in the Atlantic economies, the trading and financial activities of the ports - Barcelona, Marseilles, Genoa, Leghorn, Naples, Trieste, Ancona, Smyrna - developed most intensively, usually with industrial spin-off effects in their hinterlands. Leghorn and Genoa functioned as entrepôts for colonial goods carried primarily in English and French ships. Marseilles demonstrated the opportunities provided by the colonial circuit in her search for new markets to supplement her established monopoly of the export of Languedocian woollen cloths to the Levant and north Africa: with the import of cotton, sugar and coffee from the Antilles, Marseilles began to encroach on Bordeaux's central role in trade between the French West Indies and the Baltic. The linkage with colonial trade was not necessarily wholly beneficial. As Delgado i Ribes (1981) has shown, the opening of the American colonial market to 13 Spanish ports in 1778 led the Catalan mercantile bourgeoisie to switch from investment in the cotton industry to massive imports of foreign textiles and manufactures. But in general, even if signs of crisis had appeared in 1787, the commercialized sectors of the Mediterranean economies were strongly stimulated by the intensification of colonial trade, which was most easily perceptible in their ports.

Following the Revolution, the geography of the Mediterranean rendered it particularly vulnerable to the fortunes of war. Politically and strategically important to France - as Bonaparte demonstrated with his occupation of Italy (1796) and Egyptian expedition (1798) - the economies of the Mediterranean states could only have continued to benefit from the expansive phase of the 1780s, if France had obtained control of the seas. Nelson's victories at Aboukir (1799) and Trafalgar (1805) effectively made navigation dependent on British tolerance. Over the entire period of the wars, the Mediterranean ports, like the French and Spanish Altantic ones, suffered the most negative effects of this British hegemony of the seas.

The short-run changes in the individual experiences of the ports and their relationships to each other in what became a sharply reduced trading area merit attention. Already before Aboukir, the French mercantile marine lost out to the British in Naples. The difficulties of the French ports in the Revolutionary decade initially advantaged some of their rivals: Barcelona, like Cadiz, registered sharp increases of exports and imports between 1792 and 1796 (Delgado i Ribes); the number of ships (over 150 tons) leaving Genoa between 1794 and 1798 doubled and then trebled (Bulferetti and Costantini, 1966, pp. 267-268). But the immediate consequence of Spain's alliance with France against Britain (1796-1801) was the almost total interruption of its trade with South America (which in 1792 had taken 87 % of exports from Spain). The brief peace following the treaty of Amiens (1801) led - in the Mediterranean as in the Atlantic ports - to the illusory revival of the old patterns of international trade: British ships returned to Leghorn in 1802, Marseilles renewed its traditional commercial links with the Levant, north Africa, Indian ocean and Antilles (1801-1803), Barcelona's trade with south America regained peak levels at the expense of Cadiz (1802-1804).

With the renewal of war, Butel's (1970) analysis of the experience of Bordeaux can be applied, with only minor adaptations, to the Mediterranean ports. Neutral shipping, so long as it was tolerated by the British fleets, for some years prevented total collapse. But Barcelona was throttled by Spain's renewed alliance with France already before the French occupation in 1808 (48 ships left the port in 1804, 6 and 3 respectively in 1806 and 1807). All the Italian ports were negatively affected by annexation to France and collapsed with the Blockade from 1810: Venice had ceased operations by 1807, Ancona by 1811; at Leghorn, the last of the great Mediterranean entrepôts to resist, the number of ships entering the port fell from 1048 in 1795 to 713 in 1800, 7 in 1811 and 1 in 1812 (Filippini, 1985). By the later years of the Napoleonic wars, the activities of the ports had been reduced to short-distance coastal shipping (cabotage) and even this fell foul of British seizures.

Within a maritime trading area sharply reduced by the Blockade to the internal waters of the Mediterranean, the relative importance of the ports, as well as probably their interdependence, changed significantly. Butel and Bergeron (1970) have pointed to the structural changes in the orientation of the French ports - from linchpins of the international colonial trading system with networks across all Europe to national ports, closely linked in their trading and manufacturing activities of their hinterlands. Marseilles in the Napoleonic period still lacks its historian. But it seems likely, amidst the drastic decline that affected all the ports, that Marseilles retained a somewhat privileged position, supplementing its local supplies of raw materials with oil for its soap factories from the Italian and Spanish ports. At a purely impressionistic level, the industrial and shipbuilding activities of these other ports may even have been more severely affected than Marseilles - at least over the long term - precisely because they were unable to restructure their manufactures.

If the experience of the Mediterranean ports must be placed in the context of the British and Continental Blockades, the impact of the wars on manufacturing and agriculture needs to be related primarily to Napoleon's political restructuring of the Continental land-mass, following the instability and war damage of the Revolutionary years.

It is impossible to quantify the direct cost of the wars to the Mediterranean economies. The exactions and requisitions, both legal and illegal, in Italy during the 1790s were on a similar scale to the better-known example of Belgium. The wars precipitated the collapse of public finances in all the Italian states. Under Napoleon, the financial autonomy of the satellite kingdoms of Italy and Naples continued to be compromised by the support costs of the French troops on their territories and their own large armies. The sales of national properties (62,000 hectares in Piedmont; 10 % of all property in Naples) were directed primarily at extinction of the public debts.

116

Spain is a case apart, as the full-scale warfare from 1808 acted as a continuous constraint and exceptional taxation on the entire economy. Public finances were already in crisis with the 1790s wars and Napoleon's imposition of a large subsidy in 1803. Fontana (1988) has noted that, while revenues in Catalonia amounted to 526 million *reales* in five years, the occupying armies required annually 1000 millions; marshal Suchet's military administration in Valencia exacted 37 million francs (140 million reales) in 18 months (Suchet, 1828, vol. II, p. 300); the frontier region of Guipuzcoa paid 80 million *reales* to French and Spanish armies between 1808 and 1816 (Otaegui Arizmendi, 1988, p. 323). Sales of communal lands - ten times those of Godoy's years in Guipúzcoa - were among the immediate results. The blockade repercussed directly and negatively on Catalan industrialization. But the exactions and uncertainties of the war created artificial conditions of permanent instability throughout the Iberian peninsula.

Elsewhere the performance of the Mediterranean economies can probably best be interpreted as dependent upon Napoleon's efforts to force the pace of French manufacturing production behind increasingly protective tariffs. The shift in the axis of French industry to the north and east (Crouzet, 1966) affected not only south-west France, but most of the Mediterranean area, which became more marginal relative to Germany and north-central Europe. Within the Napoleonic imperial project, two functions were assigned to the Italian peninsula: as a market for French manufactures and as a source of raw materials. Tarle (1950) has documented the imposition of unequal trade treaties (especially that of 1808) on the kingdom of Italy. It was precisely over such bilateral trade relations that Murat of Naples distanced himself from Napoleon. Unquestionably Italian silk cloth production was severely damaged by high export duties and, from 1810, by the Blockade.

Italy was important to France as its major supplier of raw silk and organzines, as well as for Neapolitan cotton. It was responsible for between 50 % and 75 % of total raw silk production in the Empire (Montalivet, 1813; Tarle, 1950, p. 255). With annexation, Piedmontese silk production was colonized, as Lyons insisted on a virtual monopoly, not only for its own manufactures, but - since it never utilized more than half Piedmontese production - as an entrepôt for re-export of the surplus to central Europe. The results were disastrous, not only in terms of the discrimination against Italian finished silks, but because of the increasing glut of raw silk, from Lombardy and central Italy as well as Piedmont. By 1811 Montalivet was even suggesting that smuggling of Lombard silk to England be officially facilitated.

Unlike silk, French raw cotton needs increased, from 4000 metric tons in 1785 to 8000 in 1809 (Mitchell, 1981, pp. 448-449). Although unquantified, Naples' share was certainly small. But the peninsula was regarded as important with the tightening of the Blockade, when an attempt was made (November 1810) to redirect the traditional cotton supply route from the Ottoman empire away from Austria and Germany to Macedonia, Bosnia, Illyria and to Po valley.

The remodelling of political and tariff frontiers increasingly affected entrepreneurial confidence, at least for manufacturers dependent on external supplies or markets. Sismondi, secretary of the *Conseil du commerce* of the Léman department, attacked the new cotton route precisely in terms of such uncertainties (Schmidt, 1914). But the redirection of trading patterns was neither so total as institutional sources propose, nor so uniformly negative. Smuggling assumed new levels in direct response to attempts to seal off markets. By definition such activities are unquantifiable. But Malta and Portugal provided entrepôts for naval-protected manufactures, while Montalivet estimated that England annually imported over 330,000 kgs. of Lombard organized silk.

Protective barriers also functioned selectively. Traditional industries, like Ligurian and Tuscan paper production (Sabbatini, 1988), were negatively affected by incorporation within the French empire and the Blockade, Italian silk cloths suffered from explicit tariff discrimination. On the other hand, annexation by France could act as a stimulus, at least to entrepreneurs with capital, open to technological innovation: although the small woollen cotton producers of the Biellese (Piedmont) suffered (Ramella, 1984, p. 28), capitalist manufacturers like the Sella family resisted northern French competition and then expanded technologically advanced production rapidly in the Restoration. Competition not only from British, but from Bavarian, Berg, Swiss and other central European manufactures was sharply reduced in northern Italy, both the annexed areas and the kingdom of Italy. Woollen cloth production developed in Piedmont (Biellese) and Lombardy (Vicentino), hemp and flax in Lombardy (Bresciano), cotton in Lombardy (Milan and Como) and Naples.

The Italian peninsula attracted foreign entrepreneurs, as - unlike Spain - it offered market potential through the stability provided by uncontested French control. Moreover, as Davis (1988) has noted, the kingdom of Naples enjoyed relatively greater autonomy than the other satellite states, with Murat's introduction of his own protectionist tariff (1809). As along the Rhine, foreigners responded to the imposition of tariff barriers by migrating within the protected areas. German and Swiss entrepreneurs (Adam Kramer, Friedrich Schumtz, C.G. Muller, Jacques Egg) were responsible for introducing advanced cotton technology in Lombardy, Piedmont and Naples (Davico, 1981, p. 226).

Such developments were closely tied to the State. The demand for armaments stimulated a boom in the metallurgic sector in the Val d'Aosta and Bresciano. Armies played a central role in demand. The army of the kingdom of Italy - 50,000 in 1810, 70,000 in 1812 (Della Peruta, 1988, pp. 301-302) - was a major client for the growth of woollen manufactures.

Studies of state economic activities in Napoleonic Italy are probably the most promising path for future research. But what is already clear is that regional differences between northern and southern Italy, already marked before the Revolution, were to deepen under the impact of the French wars. The most plausible explanation is the differentiation in size and relative homogeneity of the politically constructed markets. In the kingdom of Naples, with geographically and socially highly segmented markets, the new cotton, woollen and silk factories of the Murattian years were to remain vulnerably dependent on State protection and orders (Davis, 1981). Piedmont, since before the Revolution, boasted a tradition of civil applications of military science, which provided a human and cultural basis for the technologically oriented developments of the Restoration (Barberis, 1989). In northern Italy, the decentralized, rural-based textile industries (wool, cotton, hemp and flax, but particularly silk) of annexed Piedmont and the Lombard kingdom of Italy were to provide the core and characteristic of Italian 19th century manufacturing and the passage to its later industrial system (Dewerpe, 1985).

REFERENCES

W. Barberis, *Le Armi del Principe* (Turin, 1988).

L. Bergeron, "Problèmes économiques de la France napoléonienne", *Revue d'Histoire Moderne et Contemporaine*, 17 (1970).

L. Bulferetti and C. Costantini, *Industria e Commercio in Liguria nell'Età del Risorgimento (1700-1860)* (Milan, 1966).

P. Butel, "Crise et mutation de l'activité économique à Bordeaux sous le Consulat et l'Empire", *Revue d'Histoire Moderne et Contemporaine*, 17 (1970).

R. Davico, *"Peuple" et Notables (1750-1816). Essais sur l'Ancien Régime et la Révolution en Piémont* (Paris, 1981).

J.A. Davis, *Merchants, Monopolists and Contractors* (New York, 1981).

J.A. Davis, "The Continental Blockade and Economic Change in the Kingdom of Naples", *L'Influence de la Révolution Française et du Régime Napoléonien sur la Modernisation de l'Europe* (Colloque, European University Institute, 26-28 October 1988) (1989).

J.M. Delgado i Ribes, *Catalunya y el Sistema de Libre Comercio (1778-1818)* (doctoral thesis, University of Barcelona, 1981).

F. Della Peruta, *Esercito e Società nell'Italia Napoleonica* (Milan, 1988).

A. Dewerpe, *L'Industrie aux Champs. Essai sur la Protoindustrialisation en Italie du Nord (1800-1880)* (Rome, 1985).

J.-P. Filippini, "Le conseguenze economiche e sociali della dominazione francese sulla vita del porto di Livorno", I. Tognarini (ed.), *La Toscana nell'Età Rivoluzionaria e Napoleonica* (Naples, 1985).

J. Fontana, *La Fi de l'Antic Règim i la Industrialització 1787-1868* (Barcelona, 1988).

B.R. Mitchell, *European Historical Statistics* (London, 1981).

J.P.B. de Montalivet, *Exposé de la Situation de l'Empire* (Paris, 1813).

A. Otaegui Arizmendi, *Guerra y Crisis de la Hacienda Local: las Ventas de Biens Comunales en Guipúzcoa, 1793-1814* (doctoral thesis, autonomous University of Barcelona, 1988).

F. Ramella, *Terra e Telai. Sistemi di Parentela e Manifattura nel Biellese dell'Ottocento* (Turin, 1984).

R. Sabbatini, *La Manifattura della Carta in Età Moderna: il Caso Toscano* (doctoral thesis, European University Institute, 1988).

C. Schmidt, "Sismondi et le blocus continental", *Revue Historique*, 115 (1914).

L.G. Suchet, *Mémoires* (Paris, 1828).

E.V. Tarle, *La Vita Economica dell'Italia nell'Età Napoleonica* (Turin, 1950).

LES CONSEQUENCES ECONOMIQUES EN AMERIQUE DU NORD DES GUERRES DE LA REVOLUTION ET DE L'EMPIRE

Gilles PAQUET & Jean-Pierre WALLOT
Université d'Ottawa & Archives Nationales du Canada

INTRODUCTION

La Révolution française, puis les guerres révolutionnaires et impériales s'étendent grosso modo de 1789 à 1815. L'Amérique du Nord englobe à l'époque, par agrégation successive et sous divers noms, les territoires actuels du Canada, des Etats-Unis, du Mexique et des Antilles. Nous avons concentré notre regard sur la portion nord est de l'Amérique du Nord - *i.e.* le Canada et les Etats-Unis peuplés d'alors.

Pour fixer les idées, une première section esquisse un diagnostic préliminaire de l'impact des guerres révolutionnaires et impériales ainsi qu'une saisie de la socio-économie du nouveau continent dans les années 1780. Ensuite, nous examinons plus en détail les conséquences de ces conflits sur le commerce extérieur et sur l'économie domestique des socio-économies nord-améri-caines. Enfin, nous nous aventurons à jauger l'effet net de ces guerres sur l'Amérique du nord dans son ensemble.

LES SOUS-REGIONS ET LES SOUS-PERIODES : UN PREMIER COUP DE SONDE

L'Amérique du Nord n'est pas un tout homogène : il faut la découper dans l'espace et dans le temps pour mieux cerner les conséquences différenciées des guerres révolutionnaires et impériales sur les divers segments de cet espace et selon les périodes. Ainsi, au Canada, l'impact s'avère déterminant, surtout après 1806; mais l'effet sur les structures et les institutions ne se déploiera entièrement qu'après 1815.

Dans le nord des Etats-Unis au contraire, le contrecoup est ressenti beaucoup plus tôt, soit entre 1793 et 1807; mais il est plus localisé et ne semble pas se répercuter beaucoup dans l'arrière pays. Il serait donc bien aventureux d'attribuer à ces guerres - comme certains l'on fait - le rôle de grand déclencheur de la croissance économique aux Etats-Unis dans leur ensemble ou même de moteur de la croissance économique du nord dans son entier. Arrivés à un stade de développement bien plus avancé que le Canada, les Etats-Unis sont peut-être même retardés dans leur industrialisation par l'aventure commerciale atlantique que les guerres ont déclenchée et qui ne durera pas longtemps. Même dans le sud des Etats-Unis, les effets positifs des guerres paraissent limités lors même que cette région n'échappe guère à l'inflation engendrée par la demande accrue en provenance d'outre-mer. D'aucuns ont même conclu à un impact global plutôt négatif.

Quant au Mexique et aux Antilles, il est clair que les guerres de la Révolution et de l'Empire attisent les mouvements d'indépendance à proportion que le système colonial français s'affaiblit et que ceux de l'Espagne comme du Portugal sont minés par l'invasion de leurs métropoles par la France. Au plan économique, le réseau commercial de la Grande-Bretagne s'y étend informellement et le commerce américain s'y infiltre. Mais le contraste est tellement grand entre la croissance économique indéniable du Canada et des Etats-Unis du nord au cours de cette période, et la stagnation ou le déclin économique dans les Antilles et au Mexique (pour des raisons qui n'ont souvent que peu à voir avec les guerres de la Révolution et de l'Empire, surtout dans la première décennie du XIXe siècle) que nous n'allons consacrer que quelques lignes à ce pan sud de l'Amérique du nord. Pour mémoire, ajoutons que le Mexique d'alors comprend la Californie, le Texas et la Floride, c.-à-d. un grand morceau de ce qui deviendra l'extrême sud des Etats-Unis. Enfin, la Louisiane devient un poids dont Napoléon se débarrasse dès 1803 au profit des Etats-Unis.

COUP D'OEIL SUR LA PERIODE D'AVANT GUERRES

L'Amérique britannique du Nord des années 1780 comprend trois zones : Terre-Neuve, la Nouvelle-Ecosse (dont se détachera le Nouveau-Brunswick en 1784) et la province de Québec. Dans les années 1770, on estime les populations de ces territoires à 11.000, 21.000 et 85.000 respectivement. En comparaison, les colonies américaines dépassent les 2.000.000 d'âmes ! La grande majorité des habitants de la province de Québec sont de souche française. A partir de 1783 commence à arriver une immigration de "Loyalistes" fidèles à la Couronne britannique en provenance des Etats-Unis. Ils s'intallent dans la partie ouest de la province de Québec et surtout en Nouvelle-Ecosse et le futur Nouveau-Brunswick.

La Révolution américaine qui éclate dès 1774 a poussé le gouvernement britannique à offrir des concessions importantes aux colons du Québec sur les plans légal, religieux et linguistique. Voilà ce qui explique pourquoi les Américains - pas plus d'ailleurs que les Britanniques - ne réussiront à enrôler les "Canadiens" dans cette guerre civile.

Les colonies canadiennes font partie intégrante de l'Empire britannique. Des liens de toutes natures (économiques, commerciaux, politiques, sociaux, etc.) accrochent donc leur sort à celui de la Grande-Bretagne au cours de la période 1793-1815. Leur développement - en particulier celui de la province de Québec qui sera scindée en deux en 1791 : le Bas-Canada (à l'est) et le Haut-Canada (à l'ouest) - sera donc influencé de manière asymétrique et irréversible par les guerres européennes, mais pas au début. C'est surtout en fin de période - au moment du succès du Blocus continental qu'un impact dramatique se fait sentir. La dynamisation du marché atlantique au cours de toute la période produit des effets externes sur le Canada : bien avant 1807, on décèle la pénétration des forces de ce marché dans la vie des colonies canadiennes.

Aux Etats-Unis, la Guerre d'indépendance des années 1770 à creusé un fossé certain entre la Grande-Bretagne et les Américains. Toutefois, l'Angeleterre demeure de loin le plus grand partenaire commercial des Américains : elle a tellement besoin des matières premières américaines qu'elle ne peut suivre la pente de la rancune. Elle y trouve aussi un marché très actif pour des produits manufacturés. Cependant, des différences importantes apparaissent entre les enjeux économiques dans le nord et dans le sud des Etats-Unis. Dans le nord, on voit l'économie américaine comme une concurrente de celle de la Grande-Bretagne, comme une force capable de menacer l'hégémonie de l'Angeleterre sur les mers; dans le sud, la Grande-Bretagne s'impose au contraire comme une économie complémentaire, comme un marché pour les matières premières.

Ni l'une ni l'autre des sous-régions des Etats-Unis ne gagnera autant qu'elle voudrait des guerres en Europe. En fait, le conflit opposant la France et la Grande-Bretagne dès 1793 entraîne des exactions de la part de ces deux puissances à l'endroit des Etats-Unis, précisément parce que ces derniers entendent profiter de la conflagration pour accroître leur présence dans l'économie atlantique. Certes, une certaine paix économique revient avec la Grande-Bretagne, grâce au Traité de Jay de 1794; mais avec la France, c'est la "Quasi-guerre" jusque vers 1800. La neutralité des Etats-Unis leur ouvre la possibilité d'investir l'espace économique que se disputent les deux grandes puissances en guerre, mais avec beaucoup de difficultés. Il y a donc expansion rapide du commerce américain sur l'Atlantique, mais l'Angleterre demeure protectionniste et inflexible dans l'application de ses lois de navigation, lors même que le continent européen ne s'ouvre pas autant aux exportations américaines que les Etats-Unis l'espèrent.

Avec la série de décrets de blocus édictés tant par la Grande-Bretagne que par la France à compter de 1806 surtout, le commerce américain se heurte aux exactions de la Grande-Bretagne et de l'Europe continentale. Les Etats-Unis ripostent par la loi d'embargo qui bloque l'entrée aux Etats-Unis de marchandises britanniques ou françaises et prohibe la livraison de produits américains aux deux belligérants. Tout effet positif d'entraînement des guerres de la Révolution et de l'Empire se trouve neutralisé par ce geste inefficace. L'embargo est ruineux et ne dure que deux ans : en 1810, les Etats-Unis normalisent leurs relations commerciales avec les belligérants en menaçant de rompre avec l'un ou l'autre en cas de règlement satisfaisant avec l'un d'eux.

Au cours des années 1807-1810, l'Angeleterre, bloquée en Europe par Napoléon et confrontée à l'embargo américain, se tourne vers ses petites colonies de l'Amérique du nord britannique et leur réserve désormais un rôle agrandi dans l'économie atlantique. Pour le Canada, ce sera un véritable explosion économique.

La guerre de 1812 entre les Etats-Unis et l'Amérique britannique du Nord assombrit quelque peu cette fin de période marquée aussi par la crise économique tant en Grande-Bretagne qu'en Europe.

IMPACT DES GUERRES SUR L'ECONOMIE AMERICAINE

L'historiographie avance deux hypothèses contrastées à propos de cet impact. D'abord, celle qui est associée généralement à Douglas North et qui prétend que le contrecoup a été important et a été la bougie d'allumage pour des années de prospérité inégalée aux Etats-Unis, jetant même les bases de la croissance économique américaine de l'après 1815 (North, 1961). Ensuite, celle dont les éléments ont été synthétisés par Donald Adams et qui suggère que l'impact des guerres de la Révolution et de l'Empire, sans avoir été nul, n'a eu ni la taille ni le rôle déterminant pour la croissance économique américaine que North et ses congénères lui prêtent (Adams, 1980).

Il est difficile de départager exactement ce qui dans l'expérience américaine est attribuable aux guerres européennes. Très certainement, une hausse de 500 % se produit dans les exportations et les revenus du fret maritime pour les Américains entre 1790 et 1801, suivie d'une chute dès 1802-1803 - moment de la Paix d'Amiens - et d'une reprise vers de nouveaux sommets en 1807. L'accroissement des exportations vient moins de la production domestique - encore que les exportations de coton en provenance du sud aient été importantes - que du commerce de ré-exportation. Les guerres entre la France et l'Angleterre ont fait dévier une partie du commerce des biens tropicaux et semi-tropicaux entre les mains des marchands américains qui profitent de la neutralité de leur pays. On peut donc croire que ce sont surtout des villes comme Boston, New York, Philadelphie et Baltimore, fort impliquées dans ce trafic, qui profitent de cette conjoncture. Il est moins clair que cette activité ait engendré des effets multiplicateurs importants sur le reste de l'économie puisque ces villes du nord se concentrent surtout dans la ré-exportation (tableau 1).

Tableau 1: THE VALUE OF RE-EXPORTS FROM EACH STATE (1803-1807)

Etats	1803	1804	1805	1806	1807
New Hampshire	51,093	262,697	218,813	383,884	314,072
Vermont	27,940	55,795	67,405	102,043	55,816
Massachusetts	3,369,546	10,591,256	13,738,606	14,577,547	13,926,377
Rhode Island	611,366	817,935	1,506,470	1,142,499	915,576
Connecticut	10,183	29,228	90,190	193,078	105,644
New York	3,191,556	8,580,185	15,384,883	13,709,769	16,400,547
New Jersey	-	-	110	7,363	5,123
Pennsylvania	3,504,496	6,851,444	9,397,012	13,809,389	12,055,128
Delaware	240,466	517,315	280,556	374,319	151,580
Maryland	1,371,022	5,213,099	7,450,937	10,919,774	10,282,285
Virginia	151,441	395,098	660,985	428,709	367,713
North Carolina	26,296	9,142	12,469	3,576	4,229
South Carolina	947,765	2,309,516	3,108,979	2,946,718	3,783,199
Georgia	25,488	74,345	43,677	-	34,069

Source: Reproduction de D.C. North, *o.c.*, 44.

Certes, d'autres activités sont rattachées à ce commerce : assurance, activités bancaires, courtage etc.; mais leur effet multiplicateur sur l'arrière-pays reste limité. L'impact des guerres européennes sur la construction navale se révèle aussi important; mais encore là, il est difficile de discerner les traces positives de ce boom sur la population dans son ensemble. Il y a eu de toute évidence augmentation des exportations domestiques dans la région du nord des Etat-Unis; ce qui est moins clair, c'est l'impact net d'un doublement ou d'un triplement des exportations du Massachussetts, du Maryland, de la Pennsylvanie et du New York sur le nord-est des Etats-Unis (tableau 2). Certains ont insisté sur les faibles effets en aval et en amont de ces exportations et sur l'explosion des coûts de production et des coûts de transport causée par cette pression sur la demande domestique en provenance de l'Atlantique.

Tableau 2: THE VALUE OF DOMESTIC EXPORTS FROM EACH STATE (1803-1807)

Etats	1803	1804	1805	1806	1807
New Hampshire	494,620	716,091	608,408	795,263	680,022
Vermont	117,450	191,725	169,402	193,775	204,285
Massachusetts	8,768,566	16,894,378	19,435,657	21,199,243	20,112,125
Rhose Island	1,275,596	1,735,671	2,572,049	2,091,835	1,657,564
Connecticut	1,248,571	1,516,110	1,443,727	1,715,828	1,624,727
New York	10,818,387	16,081,281	23,482,943	21,762,845	26,357,963
New Jersey	21,311	24,829	20,743	33,867	41,186
Pennsylvania	7,525,710	11,030,157	13,762,252	17,574,702	16,864,744
Delaware	428,153	697,396	358,383	500,106	229,275
Maryland	5,078,062	9,151,939	10,859,480	14,580,905	14,298,984
Virginia	6,100,708	5,790,001	5,606,620	5,055,396	4,761,234
North Carolina	952,614	928,687	779,903	789,605	745,162
South Carolina	7,811,108	7,451,616	9,066,625	9,743,782	10,912,564
Georgia	2,370,875	2,077,572	2,394,846	82,764	3,744,845

Source: reproduction de D.C. North, *o.c.*, 44.

Pour les régions du sud des Etats-Unis qui ne participent pas à l'explosion du commerce de ré-exportation, l'effet net de l'augmentation des coûts de transport, des coûts de construction des navires, des assurances, du fret et des équipages - tous des coûts résultant des guerres révolutionnaires et impériales - a pu se traduire sinon en pertes considérables, tout au moins en des réductions importantes des marges bénéficiaires.

Une évaluation synthétique doit reconnaitre que North a probablement surestimé les effets d'entraînement de la croissance du commerce extérieur, et qu'Adams, en montrant la faiblesse des effets en aval et en amont, a peut-être sous-estimé pour sa part les effets de revenus, les effets latéraux et externes sur la croissance économique des Etats-Unis provenant de cette bouffée de prospérité en Nouvelle-Angeleterre (Perroux, 1955; Rostow, 1963). Ces effets externes sur la spécialisation de la production, sur la pénétration des marchés, sur la monétarisation et sur l'entrepreneurship, North les a évoqués plus qu'il ne les a démontrés, mais il existe de bonnes raisons de croire qu'ils n'ont pas été négligeables : les guerres révolutionnaires et impériales peuvent avoir préparé l'infrastructure qui permettra une croissance exponentielle après 1815.

La fixation sur les mesures de croissance des revenus par habitant - comme c'est le cas dans les études récentes des effets de l'augmentation des exportations et de certains pôles de croissance comme le blé au Canada à la fin du XIXe siècle - comporte l'inconvénient d'occulter bien des effets latéraux ainsi que des effets de volume et de dimension importants pour le développement d'une socio-économie. Or ces effets sont structurants : ils aident à mettre en place les infrastructures physiques et sociales porteuses d'un développement socio-économique restructurant qui dépasse de beaucoup les simples effets sur les revenus par habitant. Voilà pourquoi on ne peut se contenter des approximations de Goldin et Lewis comme mesure effective de l'impact des guerres révolutionnaires et impériales (Goldin et Lewis, 1980). Pour une critique de ce genre de mesures, l'étude de Dales *et al.* de 1967 est éclairante.

IMPACT DES GUERRES SUR L'ECONOMIE CANADIENNE

Si l'on peut douter de l'utilité des mesures à la Goldin et Lewis ou à la Adams pour donner la pleine mesure des effets d'une expansion du commerce extérieur quand ces effets sont relativement diffus, même ce genre de mesure devient éclairant quand l'impact est assez dramatique, comme ce fut le cas pour l'économie canadienne.

En effet, dans une économie aussi petite que celle du Canada, le Blocus continental, qui force la Grande-Bretagne à se tourner massivement vers le Canada pour s'y approvisionner en bois, a un impact déterminant sur le développement économique de la colonie : dans le seul Bas-Canada, il y a explosion du commerce extérieur - de 30.000 tonneaux (1801-180) à 60.000 tonneaux en 1807-1808, à 120.000 tonneaux en 1809-1810, un quadruplement du tonnage en quatre ans (tableaux 3) ! Le bois qui compte à peine dans les exportations canadiennes en début de période accapare 75 % de toutes les exportations en 1810 et 500 des 650 navires qui quittent le port de Québec.

129

Tableau 3: NAVIRES ET TONNAGE A L'ENTRÉE ET A LA SORTIE DU PORT DE QUÉBEC (1786-1810)

	Ships				Tonnage			
	in		out		in		out	
	α	β	α	β	α	β	α	β
1786		73		72		9686		9566
1787		74		82		11,043		13,537
1788		45*		82*		7289*		14,005*
1789		65°		47°		11,049°		7607°
1790		30		41*		4361		6636*
1791		43**		41		7838**		7484
1792		32*		54*		6036*		11,048*
1793	113	43**	118	138	15,271	6689**	18,715	23,372
1794	114		116		16,827		16,126	
1795	117		128		18,023		19,545	
1796	67		71		11,050		11,789	
1797	88		105		13,349		15,668	
1798	78		91		11,882		13,939	
1799	125		138		17,941		19,537	
1800	140	130°°	153	360°°	16,837	11860°°	20,725	58550°°
1801	175	174	188	188	25,736	25,886	27,986	28,695
1802	198	197	211	209	33,139	33,149	35,754	35,657
1803			175				30,483	
1804	162	162	173	171	25,021	25,085	26,883	26,591
1805	134°	131°	170	130°	21,333°	20,839°	26,506	18,824°
1806	186	188	193	191	33,104	32,578	33,996	33,785
1807	212	208	239	241	37,962$^{1/2}$	38,116	42,293$^{1/2}$	44,057
1808	295	291	334	333	60,783	59,819	70,275	71,845
1809	434	419	435	431	87,825	85,305	87,964	87,586
1810	635	625	661	635	138,057	132,700	143,893	135,904

*   Incomplete, 2nd quarter missing
**   Incomplete, 3rd quarter missing
o   Incomplete, 4th quarter missing
oo   Incomplete, 2nd and 3rd quarters missing.

Notes: Columns α represent homogenized series from official recapitula-
           tions; columns β have been aggregated by computer from detailed
           data on each ship in the naval officer's registers. The data for the
           years 1788 to 1792 are generally not complete. Some of the
           discrepancies, even when our data are complete, may be ascribable
           to errors in the total prepared by the naval officer for each quarter,
           totals that were used for the preparation of the annual government
           recapitulations(α).

Source: Reproduction de G. Paquet et J.-P. Wallot, "The International Cir-
           cumstances...", 385.

C'est la restructuration radicale autour de ce nouveau pôle de croissance,
dont bénéficieront les 300-325,000 habitants en 1815 (165.000 en 1790).
Dans les effets en aval du commerce du bois, la construction navale passe de
3 ou 4 bateaux par année au début des années 1800 à 37 en 1811. L'effet de
revenus est également important : un enrichissement net se décalque en termes réels pour tous les groupes sociaux, tant en ce qui a trait à la richesse
mobilière qu'aux biens immobiliers. On note enfin l'apparition de rapports
nouveaux et modernes entre patrons et employés, la montée aussi des premières corporations, d'intermédiaires financiers plus sophistiqués, une plus
grande rationalisation de la production - autant d'effets latéraux et externes
attribuables à l'expansion qui arrive à cause des guerres européennes.

De plus, alors qu'aux Etats-Unis, c'est le commerce qui est dynamisé par ces
guerres, au Canada, c'est une certaine industrie autour du bois, une industrie
qui trouvera un marché important aux Etats-Unis dans le secteur de la construction quand les demandes d'outre-mer pour le bois canadien se tariront.
Même phénomène dans le secteur de la construction navale qui restera le
grand pôle de croissance à Québec jusque dans la seconde moitié du XIXe
siècle, moment où les navires en bois seront remplacés par les navires en fer.
De plus, dans une petite économie comme le Canada, il est clair que cet
impact s'est réverbéré sur toute la socio-économie : on peut en prendre la
mesure dans les augmentations de revenus réels et de richesse de tous les
groupes sociaux dans les diverses régions.

La prospérité nouvelle sert enfin de catalyseur pour des changements importants dans la trame du secteur public bas-canadien : l'Etat, tirant des sommes
substantielles de taxes sur les importations, accroît certes ses dépenses pour
l'amélioration de la navigation et les travaux publics, mais se modernise
également (Paquet et Wallot, 1973). Surgissent aussi, à l'occasion de cette

croissance extraordinaire, des besoins financiers nouveaux qui conduiront après la guerre de 1812 à la création des premières banques au Canada. Comme ces phénomènes ne se déploient parfois que lentement, on a été porté à en négliger les signes et à refuser d'en voir la portée après 1815.

IMPACT GLOBAL DES GUERRES SUR L'AMERIQUE DU NORD

Que conclure ? Clairement, l'impact économique des guerres révolution-naires et impériales sur le continent nord américain décroît à mesure qu'on descend du nord vers le sud.

Au Canada, l'effet est déterminant et institue une socio-économie nouvelle autour de nouveaux pôles de croissance : hausse généralisée des revenus, importance des effets latéraux et externes, enclenchement du processus de restructuration et de modernisation qui conduit à la première industrialisation au Canada.

Aux Etats-Unis, l'effet est ambigu et diversifié : on ne peut nier l'expansion rapide du commerce extérieur, mais l'impact est moins net sur l'industrialisation du pays. La socio-économie américaine compte plus de 4.000.000 d'habitants dont 700.000 esclaves et se trouve donc moins malléable que la petite économie canadienne du nord. Certaines grandes villes du nord bénéficient directement des guerres, mais il est bien difficile de cerner exactement si et comment cet impact s'est diffusé dans le reste du pays. Dans le sud, on subit les contrecoups des augmentations de coûts de production et ces guerres nuisent jusqu'à un certain point à l'expansion des marchés pour leurs matières premières sans pour autant susciter l'industrialisation. Il y a malgré tout expansion importante des exportations domestiques de coton au cours de la période.

Quant à savoir si les effets de revenus, les effets latéraux et externes enclenchés par cette prospérité dans le nord ont facilité grandement la poussée d'industrialisation dans la période subséquente, on peut le présumer mais difficilement le prouver. Très certainement, la socio-économie américaine en sort grandie dans l'économie atlantique. Et si elle n'a pas recueilli de cette période de guerre une dynamisation généralisée de son économie, elle en a tiré une infrastructure plus robuste et un tonus différent.

Avec les grandes migrations qui commencent après 1815, tout le continent est emporté dans une grande croissance économique qui touche toutes les régions tant au Canada qu'aux Etats-Unis. En émergeront des spécialisations régionales plus fines, un commerce inter-régional accru et une économie de marché de plus en plus intégrée. Cette économie nord-américaine mettra bien du temps à assembler ses morceaux, mais tout au long du XIXe siècle, cette intégration s'accomplit en parallèle tant au Canada qu'aux Etats-Unis.

Qui saura jamais dire l'importance de ce déclic donné par les guerres révolutionnaires et impériales ? Pour autant qu'elles ont donné une intensité nouvelle aux rapports économiques dans l'espace atlantique, on peut dire qu'elles ont préparé le terrain aux migrations considérables du demi-siècle qui a suivi, des migrations qui devaient donner à l'Amérique du Nord un coup de départ important vers l'hégémonie économique qu'elle devait connaître un siècle plus tard.

REFERENCES

D.R. Adams jr, "American Neutrality and Prosperity, 1793-1808 : A Reconsideration", *The Journal of Economic History*, 40, 4 (1980), 713-737.

J. Chase, "L'organisation de l'espace économique dans le nord-est des Etats-Unis après la Guerre de l'Indépendance", *Annales E.S.C.*, 43, 4 (1988), 997-1020.

F. Crouzet, *L'économie britannique et le Blocus continental* (Paris, 1987, 2e éd.).

J.H. Dales, J.C. McManus et M.H. Watkins, "Primary Products and Economic Growth : A Comment", *Journal of Political Economy*, 75 (1967), 876-880.

C.D. Goldin et F.D. Lewis, "The Role of Exports in American Economic Growth during the Napoleonic Wars, 1793-1807", *Explorations in Economic History*, 17 (1980).

R. Hoffman, J.J. McCusker, R.R. Menard et P.J. Abert (eds.), *The Economy of Early America* (Charlottesville, 1988).

J.J. McCusker et R.R. Menard, *The Economy of British America* (Chapel Hill, 1985).

C.P. Nettels, *The Emergence of a National Economy, 1775-1815* (New York, 1962).

D.C. North, *The Economic Growth of the United States* (Englewood Cliffs, 1961).

G. Paquet et J.-P. Wallot, "Le Bas-Canada au début du 19e siècle : une hypothèse", *Revue d'histoire de l'Amérique française*, 25 (1971), 39-61.

G. Paquet et J.-P. Wallot, "International Circumstances of Lower Canada, 1786-1810", *The Canadian Historical Review*, 53 (1972), 371-401.

G. Paquet et J.-P. Wallot, *Patronage et pouvoir dans le Bas-Canada (1794-1812)* (Montréal, 1973).

G. Paquet et J.-P. Wallot, "Sur quelques discontinuités dans l'expérience socio-économique du Québec : une hypothèse", *Revue d'histoire de l'Amérique française*, 35 (1982), 483-521.

G. Paquet et J.-P. Wallot, "Structures sociales et niveaux de richesse dans les campagnes du Québec : 1792-1812", *Bulletin d'histoire de la culture matérielle*, 17 (1983), 25-44.

G. Paquet et J.-P. Wallot, "Monnaies et finance canadiennes au début du XIXe siècle : un système en mutation", *Annales E.S.C.*, 39 (1984), 1299-1329.

F. Perroux, "Note sur la notion de pôle de croissance", *Economie appliquée*, 8 (1955).

T. Pitkin, *A Statistical View of the Commerce of the United States : Including also an Account of Banks, Manufactures and Internal Trade* (New Haven, 1835).

W.W. Rostow, "Leading Sectors and the Take-Off", W.W. Rostow (ed.), *The Economics of Take-Off into Sustained Growth* (London, 1963).

ADDRESS OF ORGANIZER

François CROUZET, Université de Paris-Sorbonne, Institut de Recherches
   sur les Civilisations de l'Occident Moderne XIVe-XIXe siècles, 1,
   Victor Cousin, 75230 Paris Cedex 05, France

ADDRESS OF GENERAL EDITOR

Erik AERTS, Algemeen Rijksarchief Brussel, Afdeling Rekenkamers,
   Ruisbroekstraat 2-10, 1000 Brussels and Vlaamse Economische
   Hogeschool, Departement Handelswetenschappen, Koningsstraat 284,
   1210 Brussels, Belgium.

TENTH INTERNATIONAL ECONOMIC HISTORY CONGRESS PUBLICATIONS

General Editor: Erik AERTS

A   Debates and Controversies in Economic History
Herman Van der Wee and Erik Aerts, editors

B-1   Economic Effects of the French Revolutionary and Napoleonic Wars
Erik Aerts and François Crouzet, editors

B-2   Structures and Dynamics of Agricultural Exploitations: Ownership, Occupation, Investment, Credit, Markets
Erik Aerts, Maurice Aymard, Juhan Kahk, Gilles Postel-Vinay and Richard Sutch, editors

B-3   Economic and Demographic Development in Rice Producing Societies: Some Aspects of East Asian Economic History (1500-1900)
Akira Hayami and Yoshihiro Tsubouchi, editors

B-4   Economic Planning in the Post-1945 Period
Erik Aerts and Alan S. Milward, editors

B-5   Ethnic Minority Groups in Town and Countryside and Their Effects on Economic Development (1850-1940)
Erik Aerts and Francis M.L. Thompson, editors

B-6   Metropolitan Cities and Their Hinterlands in Early Modern Europe
Erik Aerts and Peter Clark, editors

B-7   Shipping and Trade (1750-1950)
Lewis R. Fischer and Helge W. Nordvik, editors

B-8   Women in the Labour Force: Comparative Studies on Labour Market and Organization of Work since the 18th Century
Erik Aerts, Paul M.M. Klep, Jürgen Kocka and Marina Thorborg, editors

B-9   Unemployment and Underemployment in Historical Perspective
Erik Aerts and Barry Eichengreen, editors

B-10   Growth and Stagnation in the Mediterranean World in the 19th and 20th Centuries
Erik Aerts and Nuno Valério, editors

B-11   Models of Regional Economies in Antiquity and the Middle Ages to the 11th Century
Erik Aerts, Jean Andreau and Peter Ørsted, editors

B-12a Methodological Problems
Erik Aerts, Thomas Kuczynski and Vladimir Vinogradov, editors

B-12b Historical Information Systems
Rainer Metz, Eddy Van Cauwenberghe and Roel van der Voort, editors

B-13   Liberalism and Paternalism in the 19th Century
Erik Aerts, Claude Beaud and Jean Stengers, editors

B-14   Production, Marketing and Consumption of Alcoholic Beverages since the Late Middle Ages
Erik Aerts, Louis M. Cullen and Richard G. Wilson, editors

B-15   Textiles of the Low Countries in European Economic History
Erik Aerts and John H. Munro, editors

The organizers of the Leuven congress would like to express their gratitude to the following firms and public institutions whose generous help has made the publication of the proceedings possible.

ABB
Air Zaïre
Almanij
Association Suisse d'Histoire
    Economique et Sociale
Bank Brussel Lambert
Bank Brussel Lambert, Brugge
Bank Brussel Lambert, Leuven
Beaulieu
Belgische Arbeiderscoöperatie
Belgische Vereniging der Banken,
    Leuven
CERA Spaarbank
CMB
Cockerill Sambre
Commissariaat-Generaal voor de
    Internationale Samenwerking
De Vaderlandsche
De Volksverzekeringen
Dienst voor Internationale
    Betrekkingen, Vlaamse
    Gemeenschap
Ecoval
European Community
Francqui-Fonds
Gebroeders Van de Velde
Gemeentekrediet
Generale Bank, Brugge
Generale Bank, Leuven
Generale Maatschappij van België
Gevaert
Havenbedrijf Antwerpen
IBM Belgium
International Economic History
    Association
Janssen Pharmaceutica
J. Van Breda & Co

Katholieke Universiteit Leuven
Kempische Steenkoolmijnen
Kredietbank
Kredietbank, Brabant
Kredietbank, Brussel
Kredietbank, Gent
Ministerie van Buitenlandse
    Zaken
Ministerie van Ontwikkelings-
    samenwerking
Museum Mayer van den Bergh
Nationaal Fonds voor
    Wetenschappelijk Onderzoek
Nationale Bank van België
Nationale Dienst voor Afzet van
    Land- en Tuinbouwprodukten
Nationale Loterij
Openluchtmuseum Bokrijk
Paribas Bank, Leuven
Petrofina
Philips België
Private Kas Bank, Brussel
Province de Liège
Provincie Limburg
Regering van de Vlaamse
    Gemeenschap
Royale Belge
Sabena World Airlines
Stad Leuven
Stella Artois
Stichting Amici Almae Matris
Stichting Nicolaas Rockox
Superclub
Tiense Bank, Leuven
UNESCO
Vereniging voor het behoud en
    de valorisatie van de Belgische
    Industriële Archieven

Drukkerij-Binderij Scheerders van Kerchove N.V. - 2700 Sint-Niklaas